'am design thinking

129 boulevard Saint-Michel

75005 Paris

www.am-designthinking.com

a.marchal@am-designthinking.com

Dans la même collection:

Design thinking & Creative Problem Solving, deux méthodes d'innovation et de recherche de solutions, Aurélie Marchal, 2011

Couverture: Cyril Cabry

©am design thinking, 2011

ISBN : 978-1-533-493729

L'objectif de cet ouvrage est d'analyser dans quelle mesure le design thinking pourrait aider les entreprises à réinventer leur organisation et leurs pratiques de management.

D'une part, les entreprises doivent faire face aujourd'hui à deux grandes typologies de difficultés : celles liées à leur fonctionnement, qui proviennent principalement d'organisations et de pratiques de management dépassées, et celles découlant des évolutions sociétales actuelles telles que « les attentes civilisationnelles » des salariés et la complexification du rapport au temps, à l'espace et aux autres (effets de la révolution numérique). Ces deux thématiques sont bien sûr entremêlées mais se rejoignent en un enjeu majeur pour l'entreprise en quête d'une meilleure performance : reconsidérer la place de l'humain.

D'autre part le design thinking est une démarche participative et très structurée de conception, d'innovation et, plus globalement, de recherche de solutions dérivée de la manière de concevoir des designers. Si cette approche est encore trop peu connue en France, elle est déjà très prisée dans le monde anglo-saxon. Elle a pour spécificité de placer l'humain au cœur de sa réflexion tout en se nourrissant des contraintes économiques et des opportunités technologiques.

Appliquée au fonctionnement de l'entreprise, cette démarche est doublement vertueuse: elle permet de réengager les collaborateurs tout en apportant des solutions tangibles et opérationnelles à toutes sortes de problématiques. Elle est donc très prometteuse en termes de conciliation de qualité de vie au travail et de performance économique

3

SOMMAIRE

INTRODUCTION

I. Présentation de ma réflexion
1.1. À l'origine, la rencontre de deux intérêts, l'entrepreneuriat social et le design : la force de la transdisciplinarité
1.1.1. Quand, comment et pourquoi le design ?
1.1.2. Qu'est-ce que le design ?
1.1.3. Histoire du design
1.1.4. Le design et le monde de l'entreprise : « je t'aime, moi non plus »
1.1.5. Design, éthique et responsabilité
1.2. Découverte d'une entreprise plus que fébrile
1.2.1. La thèse de Gary Hamel : l'organisation de l'entreprise et ses pratiques de management sont complètement dépassées
1.2.2. Pourquoi en est-on arrivé là ? Un rapide retour historique
1.2.3. Aujourd'hui, révision des règles de management
1.2.4. De surcroît, l'entreprise démunie face aux évolutions de la société
1.2.5. Un résultat très préoccupant pour une économie développée du XXIe siècle
1.3. Conclusion : il est urgent de réinventer le fonctionnement de l'entreprise
1.3.1. Les fondements à restaurer
1.3.2. Et la réinvention du modèle d'organisation du travail

II. L'innovation organisationnelle
2.1. Les principaux types d'organisation
2.2. Les nouvelles formes d'organisation

2.5. L'innovation au niveau de l'organisation et des pratiques de management : conclusion

III. Proposition d'une nouvelle voie expérimentale : la réinvention de l'organisation et des pratiques de management par le design

3.1. Les caractéristiques de la méthodologie design : des atouts transférables

3.1.1. L'indéfinition du design

3.1.2. La redéfinition de la question de départ ou à la recherche de la pertinence

3.1.3. Le designer : un créatif habitué aux contraintes et au service de la société

3.1.4. La conception à partir de l'humain

3.1.5. De l'observation à la conception

3.1.6. L'étape de conception

3.1.7. Regard critique/ sortir du cadre

3.1.8. La culture de la réflexivité

3.1.9. De la vision globale aux détails

3.1.10. Le prototypage

3.1.11. La capacité à s'entourer de compétences nécessaires

3.1.12. Le designer est un projeteur

3.1.13. Une vision : quel futur ?

3.1.14. Le processus itératif

3.1.15. La créativité

3.1.16. Les 3 effets du design selon Stéphane Vial

3.2. Le design thinking

3.2.1. Le *design thinking* inventé parTom Kelley

3.2.2. Les différentes étapes du *design thinking*

3.2.3. Les 6 principes du *design thinking*

INTRODUCTION

Le sujet de cet ouvrage traduit la rencontre entre ma trajectoire professionnelle (l'analyse des dysfonctionnements de l'entreprise en tant qu'auditeur), une opportunité (la nécessité actuelle de réinventer le fonctionnement de l'entreprise pour renforcer sa capacité d'innovation et sa performance) et un goût prononcé pour le design.

Ma réflexion est partie d'un constat : l'enjeu majeur des entreprises du 21ème siècle est clair : il faut innover ! « Partout dans le monde, l'innovation et la mondialisation sont les deux principaux moteurs de la performance économique. Elles influent directement sur la productivité, la création d'emplois et le bien-être des individus, et aident à faire face à des enjeux de dimension mondiale, comme la santé et l'environnement. »[1]

Cette injonction est renforcée par la crise économique majeure que connaît actuellement l'économie mondiale. « L'innovation apparaît comme un levier essentiel pour sortir d'une spirale déflationniste et d'une tendance à l'intensification de la concurrence. »[2]

Cependant, la réalité est très contrastée. Si un nombre important d'entreprises se prétendent innovantes, ou plus humblement, cherchent à mieux innover, les innovations sont dans les faits très rares, d'autant plus en France. « Parmi les 50 entreprises les plus innovantes identifiées en 2008 par BusinessWeek et le BCG, on ne compte que 8 entreprises européennes dont 4 britanniques, 2 allemandes, 1 hollandaise, 1 finlandaise et aucune française. »[3] Et encore plus rares sont celles qui gardent, dans la durée, cette longueur d'avance. Les grandes entreprises à la pointe de l'innovation, et aussi très performantes, sont connues de tous car érigées en véritables modèles : Apple, 3M, Google, IKEA, Zara, etc.

Alors et puisque nous avons de si bons exemples, pourquoi est-ce si difficile d'innover ? Quels sont les atouts de ces entreprises ? Et pourquoi sont-ils si difficiles à acquérir ? S'agit-il d'une culture spécifique et propice à la créativité, à la prise de risque, à la proactivité plutôt qu'à la réactivité ? Existe-t-il un lien entre la forte culture design de certaines de ces entreprises (Apple, Ikea, Zara) et leur performance ? Ont-elles mis en place un mode particulier et spécifique d'organisation ? N'est-ce pas parce qu'elles savent particulièrement bien tirer profit de leurs ressources humaines? N'est-ce pas à ce niveau-là, en premier lieu, qu'il faut innover : l'organisation et les pratiques de management des ressources humaines ? L'enjeu ne serait-il pas de s'appuyer au maximum sur le capital humain ? La première ressource de l'Homme n'est-elle pas sa créativité, ingrédient indispensable à toute innovation ?

Ce sont ces questionnements sur les relations pouvant exister entre capital humain, innovation et performance, puis entre culture du design et performance, qui ont attisé ma curiosité et m'ont amenée à me demander dans quelle mesure le design et la culture de la créativité pouvaient avoir une forte valeur ajoutée, dans la durée, en termes de culture d'innovation et de performance de l'entreprise.

Creusant le sujet du design, je découvre un aspect fondamental : l'une de ses caractéristiques réside dans la très forte prise en compte de l'humain. Son dessein initial est d'améliorer le monde et le bien-être de l'Homme, et les designers s'efforcent de concevoir dans ce but. J'entreprends alors d'élaborer ma propre définition du design dans l'optique de la tester : le design ne serait-il pas une démarche de conception réflexive, qui a la caractéristique de partir de l'humain pour répondre à des besoins humains, et qui recherche l'harmonie, ce qui se traduirait par l'esthétisme lorsqu'on l'applique à des objets matériels mais qui n'exclurait pas les choses intangibles ?

Par ailleurs, Gary Hamel, spécialiste de conseil en stratégie et Professeur à la Harvard Business School ainsi qu'à la London Business School, défend dans son livre *La fin du management* que, pour être innovant dans la durée, il ne suffit pas d'innover au niveau des produits, des services et des process mais qu'il s'agit d'innover aussi au niveau de l'organisation et des pratiques de management de ressources humaines. Convaincue par cette thèse, je décide d'explorer une intuition : **le design pourrait-il aider l'entreprise à réinventer son organisation et ses pratiques de management ?** Cette question constitue mon hypothèse de travail.

L'intérêt de cette réflexion est de mettre en avant le potentiel des designers qui seraient en mesure de venir au secours des entreprises qui peinent à réinventer leur fonctionnement. Cette réflexion a un second intérêt sous-jacent : celle de mettre en avant la valeur ajoutée des intuitions et des réflexions transdisciplinaires. Il me semble donc précieux de les valoriser et de les encourager.

Pour mener cette réflexion, j'ai approfondi mon intuition et construit ma réflexion en développant mon champ de connaissances à partir de conférences, d'ouvrages spécialisés, tant sur le design que sur le monde de l'entreprise. J'ai aussi interviewé de nombreux professionnels du design, de l'innovation, de stratégie ou de l'organisation et du management et leur ai soumis ma réflexion.

Il est important de noter qu'il ne s'agit pas ici d'un ouvrage traditionnel (recherche appliquée, étude de cas ou étude d'opportunité) mais d'une **étude exploratoire**. Toutes les personnes rencontrées m'ont confirmé l'intérêt de ma réflexion et l'évolution actuelle du champ du design à des domaines nouveaux, dont l'organisation de l'entreprise, mais je n'ai malheureusement pas trouvé de cas d'étude pour tester mes hypothèses. Je me suis donc efforcée de présenter et d'argumenter ce qui me semble pertinent d'expérimenter en terme de transfert de méthodologie (design) d'une population (consommateurs et utilisateurs) à une autre (salariés).

Je précise enfin que le choix de mon hypothèse de travail a été le résultat d'un long processus de réflexion et qui était au départ, je le rappelle, une simple intuition issue de nombreux questionnements par rapport à un domaine (le design) que je découvrais. Ma réflexion est toujours en cours d'élaboration et, pour l'enrichir, je serais très reconnaissante à mes lecteurs de bien vouloir me faire partager leurs commentaires et critiques.

Dans une première partie, j'expliquerai l'origine de cette intuition. J'expliquerai le cheminement de ma réflexion qui a emprunté deux chemins très éloignés et qui se rejoignent cependant pour formuler le sujet qui nous intéresse ici. Cette première phase est par ailleurs déterminante parce que je briserai quelques idées préconçues, tout d'abord sur le design qui est souvent limité à sa dimension fonctionnelle et esthétique ; puis sur l'organisation traditionnelle et les pratiques de management qui semblent gravées dans le marbre alors qu'elles peuvent s'avérer dépassées ; et enfin sur l'entreprise parfois bien démunie face aux évolutions de la société. On verra que l'impact peut être catastrophique en terme de stress et de désengagement des salariés, et donc d'efficience pour l'entreprise. La conclusion de cette première partie s'imposera : il est urgent de réinventer l'organisation et les pratiques de management autour de l'humain.

Dans une seconde partie, je présenterai un état des lieux des nouvelles formes d'organisation ainsi que leurs limites. J'étudierai ensuite les ingrédients nécessaires à des innovations organisationnelles et managériales réussies.

Enfin, dans une dernière partie, et en réponse aux défis résultants des deux premières parties, je proposerai une nouvelle voie expérimentale : « la réinvention de l'organisation et de pratiques de management grâce au design ». Je présenterai des expériences similaires d'innovation par le design et leurs valeurs ajoutées, j'analyserai les atouts transférables, j'envisagerai les difficultés, tant de la part des entreprises que des designers, et pour finir, je conclurai sur une proposition d'expérimentation.

I. Présentation de ma réflexion

1.1. À l'origine, la rencontre de deux intérêts, l'entrepreneuriat social et le design : la force de la transdisciplinarité

1.1.1. Quand, comment et pourquoi le design ?

L'origine de ma réflexion remonte à janvier 2010. J'allais quitter mon poste d'Auditeur dans une grande banque d'affaire internationale (ABN AMRO) et je réfléchissais à mon futur professionnel. J'avais le désir de créer une structure de promotion de l'artisanat haut de gamme afin d'aider les artisans de pays défavorisés à s'autonomiser financièrement. Le concept était d'associer des designers et de leur donner comme défi de dessiner des objets qui respectent et ne dénaturent pas l'artisanat d'origine, tout en créant des objets qui plaisent davantage aux goûts des Occidentaux, ceci bien sûr afin d'en assurer la commercialisation.

Par ailleurs, comme mon idée était de créer une entreprise à forte finalité sociale, je m'intéressais naturellement au « social business », concept inventé par M. Yunus, Prix Nobel de la Paix en 2006 pour ses efforts pour promouvoir le développement économique et social à partir de la base.

Lorsque j'appris que l'APCI (Agence Pour la Promotion de la Création Industrielle, c'est-à-dire du design) organisait une conférence de deux jours sur « l'innovation sociale » en janvier 2010, je fus très curieuse d'aller découvrir le lien qui pouvait exister

15

entre mes deux centres intérêts. À mon grand étonnement, je découvris que certains designers parlaient de design pour des projets que je considérais être de l'entrepreneuriat social. Cette conférence me fit faire un énorme pas en termes de connaissance et de compréhension du design. Comme pour la majorité des Français, le design se limitait pour moi à la conception de beaux objets, qualifiés de l'adjectif « design », par des designers, le plus emblématique actuellement étant bien sûr Philippe Stark. J'étais très loin de me douter que le terme « design », pouvait s'appliquer à autre chose qu'à des objets, et que les designers pouvaient également **concevoir des services, ici à but social ou sociétal**. J'ai donc vite compris que les designers avaient la possibilité de transposer leur démarche de conception à des choses intangibles et que par conséquent le champ du design devenait extrêmement vaste.

Cependant, cette extension du champ semble finalement assez naturelle lorsque, au lieu de reprendre l'anglicisme « design », on en fait la traduction. On parle alors de « **conception** ». On comprend alors que celle-ci n'est pas le privilège de la création industrielle, qu'elle n'est pas réservée au monde des objets « tendances » et, au contraire, on peut en pressentir tout le potentiel en terme d'innovation.

J'ai également découvert que les designers étaient souvent portés par une idéologie très forte, celle d'améliorer et/ou de réenchanter le monde, comme je le développerai plus tard. J'en conclus que c'était fort dommage que cette vision du design soit si méconnue, que le terme soit à la fois si galvaudé et que son usage soit si restrictif.

Je me suis alors pris de passion pour ce sujet que j'ai entrepris d'approfondir. En parallèle, j'ai décidé de me former aux techniques de la créativité en m'inscrivant, en 2010, au « Certificat de formation à la créativité » de l'Université de psychologie de Paris Descartes. J'envisageais dans un premier temps, suite à ma découverte du potentiel du design que j'appelais alors « design immatériel », de creuser l'hypothèse que les entrepreneurs sociaux étaient peut-être des designers qui s'ignoraient. J'ai compris plus tard que s'ils peuvent avoir un certain nombre de points communs tels que la prise de recul, le re-questionnement de la problématique et la focalisation sur l'humain, les entrepreneurs sociaux ne sont pas des designers.

J'ai participé à de nombreuses conférences organisées par des spécialistes du design, à Paris (APCI, CCI, Mardis de l'innovation, ENSCI, Lieu du Design) ainsi qu'à Barcelone (Barcelona Design Week), pour mieux appréhender ce qu'était le design ainsi que son potentiel en termes de champs d'application. J'ai également échangé mes réflexions naissantes avec des professionnels du design tels que Brigitte Borja di Mozota, chercheur en sciences de gestion, reconnue pour ses travaux en design management, Jean René Talopp, Directeur du Strate College, Stéphane Gauthier, designer et fondateur de Plan Créatif, ou encore Sophie Pène, responsable de la recherche à l'ENSCI.

En parallèle et dans le cadre du « Certificat de formation à la créativité », j'ai découvert différentes techniques de créativité, les conditions propices à la créativité, et les liens existant entre créativité, conception, invention et innovation.

J'en suis arrivée à la **conviction que la méthodologie du « design »** **présentait de nombreux atouts pour innover dans tous les** **domaines concernés par l'humain** et que son champ d'application allait bien au-delà de ce qui prévaut actuellement, à savoir la satisfaction des besoins des consommateurs et/ou utilisateurs, que ce soit en terme de produits, de services, et plus récemment d'expériences. C'est ce que j'entreprends de démontrer.

1.1.2. Qu'est-ce que le design ?

Afin de comprendre ma réflexion, il est tout d'abord indispensable d'expliciter ce qu'est réellement le design et quels sont ses atouts.

« L'indéfinition » du design

- **Ce que le Petit Robert en dit**

Le Petit Robert définit le nom commun « design » comme étant une « esthétique industrielle appliquée à la recherche de formes nouvelles et adaptées à leur fonction (pour les objets utilitaires, les meubles, l'habitat en général). L'adjectif design est quant à lui défini comme étant « d'un esthétisme moderne et fonctionnel ».

Ramené à cette définition, le sujet de ce mémoire semble vraiment surprenant… Pour le commun des mortels, et comme il l'était pour moi jusqu'à très récemment, un objet « design » est un objet qui a un certain esthétisme et/ou une certaine fonctionnalité, qui a la caractéristique d'avoir été dessiné par un « artiste » et dont le prix, en général assez élevé, atteste de ce travail fortement créatif.

- **Étymologie : le projet incarné dans la forme**

Mais le design est loin d'être si simple, et en réalité, il n'existe pas de définition consensuelle du design. Il est donc utile de revenir à son étymologie. Le terme « design » provient du mot latin "designare" qui se traduit indifféremment par designer ou dessiner.

Le terme design recouvre donc à la fois la notion de dessin, c'est-à-dire la concrétisation d'un projet par une composition visuelle, une matérialisation, mais aussi celle de dessein, d'intention et de processus. En ce sens, « faire du design, ce n'est pas seulement marquer quelque chose d'un signe (signifiant), mais aussi forger un « projet », qui s'incarnera dans le signe, c'est-à-dire donner un sens (signifié) ».[4]

Brigitte Borja de Mozota, spécialiste du design management, a ainsi résumé le design par l'équation : « DESIGN = DESSEIN + DESSIN »[5].

- **Traduction du terme anglais : la conception**

Willemien VISSER, psychologue, lors de sa conférence « la psychologie cognitive des designers », qui s'est tenue au Lieu du Design le 16 novembre 2010, clarifie quant à elle les termes de conception et de design. Elle rappelle que la conception est un terme français qui renvoie à une certaine activité cognitive, et qui correspond au design en anglais. Mais le terme design est également utilisé en français. Elle résume cette ambiguïté de manière fort simple : « Les designers font de la conception mais tiennent à ce qu'on les appelle « designers ». Mais ils n'ont rien contre le fait qu'on qualifie leur activité de conception. **Le designer a donc pour objet de concevoir**. »

De son côté et dès 1969, Herbert Simon élargit le champ du design. Il écrit dans *Les sciences de l'artificiel*, que le design, et donc la conception, est **la résolution de problèmes**. " Design thinking is a process for practical, creative solution of problems or issues that looks for an improved future result." " The design thinking process has seven stage: define, research, ideate, prototype, choose, implement and learn."[6]

Tout le monde est confronté au fait de devoir résoudre des problèmes. Cette vision élargit le champ du design et laisse entrevoir la richesse spécifique du design.

• La tolérance de cette indéfinition

Le philosophe Stéphane Vial, enseignant à l'Ecole Boulle, trouve aussi stupéfiant qu'inconcevable que « le design puisse évoluer de nos jours dans une telle approximation conceptuelle »[7]. Il s'est donc donné pour objectif, dans son *Court traité du design*, en novembre 2010, de démarquer ce qui est du design de ce qui ne l'est pas.

Sa position est assez extrême : « le design ne cesse de penser, mais il est incapable de se penser. Il n'a jamais encore produit une théorie de lui-même, comme l'art a pu le faire .../...Pourtant, le design est par excellence une chose qui pense. »[8]« Tenter de penser le design, c'est donc être pris dans ce paradoxe : il n'existe pas de pensée du design, ni chez les designers, ni chez les philosophes. » [9]

Il explique par ailleurs qu'il n'existe aucune frontière claire et absolue entre le design et d'autres pratiques telles que l'art, le marketing ou l'ingénierie.

Les designers semblent quant à eux ne pas souffrir de cette ambiguïté : « le design est une discipline dont nous tolérons l'indéfinition »[10], déclare Jean-Louis Fréchin, designer et enseignant à l'ENSCI. Il ajoute auprès d'étudiants non designers, en Master Spécialisé « Innovation by design », que l'**une des caractéristiques du design est sa capacité à sortir de son champ d'origine**. Il est souvent un traducteur, un médiateur qui aide à construire la transversalité, à transformer une équipe pluridisciplinaire en équipe transdisciplinaire. Une définition serait donc, par nature, trop réductrice et enfermante.

- **L'élaboration de ma propre définition**

Basée sur ma compréhension du design et afin de clarifier, à titre strictement personnel, la notion que je m'en étais faite, j'ai tenté d'élaborer ma propre définition.

Le design serait donc une démarche de conception très réflexive, qui a la caractéristique de partir de l'humain pour répondre à des besoins humains, et qui **recherche l'harmonie**, ce qui se traduit par l'esthétisme lorsqu'on l'applique à des objets matériels mais qui n'exclut pas les choses intangibles.

Stéphane Gauthier de Plan Créatif a jugé ma définition clairvoyante et précise. Il considère que cette thématique de l'harmonie permet de déployer le design dans les entreprises et qu'elle rejoint la problématique du social.

1.1.3. Histoire du design

Le design étant, comme on l'a vu, indéfini, il est nécessaire d'aborder les grandes étapes de son histoire pour en comprendre toutes les subtilités, notamment en termes de mission idéologique.

Dès son origine, l'ambition utopique et assumée du design : créer un monde meilleur

Stéphane Vial, dans son *Court Traité du Design*, situe les origines du design, en tant que première qualification d'une discipline nouvelle, en 1849 avec la parution du *Journal of Design and Manufacturers*. Ce journal cherche à « établir les principes d'une production industrielle associant harmonieusement la « fonction », la « décoration » et l' « intelligence » et à marier le grand art avec l'habilité mécanique.

Cette naissance du design s'inscrit dans un contexte politique particulier. Au moment même où Karl Marx, à 30 ans, affirme dans son *Manifeste du Parti Communiste*, que « l'histoire de toute société jusqu'à nos jours n'a été que l'histoire des luttes de classe »,

John Ruskin, un jeune Anglais, tout juste âgé de 30 ans lui aussi, dénonce, dans son ouvrage *Les Sept Lampes de l'Architecture* (1849), l'avilissement de l'ouvrier par la machine, la disqualification du travail de l'artisan ainsi que la laideur et la mauvaise qualité des produits manufacturés.

En 1861, William Morris, jeune artiste anglais issu des arts décoratifs, mais aussi ancien élève de Ruskin et lecteur assidu de Marx, va lui aussi fortement s'indigner contre le mauvais goût industriel. Il considère que « le renouveau et la défense des arts décoratifs sont le seul moyen de sauver l'homme de l'industrialisation, en réhabilitant le travail d'auteur de l'artiste par un artisanat ornemental de qualité, et en améliorant en même temps le cadre de vie offert par la société moderne »[11]. Si William Morris n'est pas un designer, il a clairement une vision de designer. Il voit dans les arts décoratifs un moyen de faire progresser la société moderne, de la sauver du fléau de l'industrie en améliorant le cadre de vie.

Donc, si cette rencontre entre les arts décoratifs et l'industrie, d'abord sous la forme d'un rejet, n'est pas encore la naissance du design, elle en est l'origine. Car le design a désormais un projet : **celui de créer un monde meilleur.**

Cette ambition utopique, comme l'a bien montré Alexandre Midal, est fondamentale pour comprendre ce qu'est le design et comment elle marquera toute son histoire.

Cette ambition est également fondamentale dans le cadre du sujet qui m'intéresse. Ma réflexion tend vers le même objectif que celui proclamé par le design depuis son origine, à la différence près qu'il est étendu au monde de l'entreprise. Il s'agit d'améliorer le monde du travail pour la satisfaction des salariés et des dirigeants.

Pour extrapoler sur ce que je développerai dans les parties suivantes, comme le dit Gary Hamel, « Nos vies professionnelles sont-elles si gratifiantes, nos entreprises dotées de capacités si infinies, qu'il soit inutile de chercher mieux » ?[12]

Une histoire de signatures

En France, comme me l'explique Stéphane Gauthier, et contrairement au monde anglo-saxon, on traîne derrière nous notre histoire des arts décoratifs et de signatures. À titre d'exemple, Charles Boulle était l'ébéniste de Louis XIV et sa production a forgé un style qu'on appelle aujourd'hui le style Boulle. On est passé des arts décoratifs flamboyants au design, tout en gardant cette culture de la signature. Les designers français ont beaucoup de difficultés à s'échapper de cette logique du créateur. Ils n'ont jamais réussi à intégrer la vision anglo-saxonne qui est de considérer le design comme un process, un système de pensée, de réflexion, de conception.

On verra plus loin que cette histoire de signature ne rend pas service aux designers qui veulent être reconnus autrement que comme des plasticiens.

Du produit à l'expérience : l'émergence de l'intangible

Lors d'une conférence à l'Ensci (école de design) en automne 2009, Stéphane Gauthier retrace l'histoire du design depuis les années 60, époque à laquelle le process du design a été généralisé dans beaucoup d'industries. L'objectif était alors de mieux dessiner les objets. Il y eut une demande énorme pour le produit esthétique, dans la mouvance du livre de Raymond Loewy « La laideur se vend mal ». L'idée dominante était que la **fonction** crée la forme.

Dans les années 1980, la problématique du design est abordée différemment. On quitte l'objet fonctionnel pour aller vers la **séduction**. Un nouveau levier de différenciation est l'émotion. C'est l'apparition du design d'auteurs et des signatures avec l'emblématique Philippe Stark et son presse-citron : il ne s'agirait pas tant de presser un citron que de déclencher une conversation autour de l'objet.

Aujourd'hui, alors que le secteur des services devient prépondérant, que la concurrence devient très forte et que le consommateur devient expert, d'autant plus avec l'avènement du web 2.0, le défi pour le designer est d'aller au-delà du produit et de redéfinir son périmètre d'interventions face à un phénomène d' « hyper offre », d' « hyper choix ». Le design passe à une problématique d'**expérience**. Aujourd'hui, le rôle des designers n'est plus tant de dessiner des produits que d'aider les clients à réfléchir par rapport à une solution plus globale à définir, qui devra de surcroît être durable et responsable.

Concernant, par exemple, la vente d'une machine à laver, la question de départ était : « comment parfaire son équipement ? ». Il faut maintenant revoir la question, élargir la problématique qui devient : « qu'est-ce que laver son linge à domicile ? ». Le designer va orienter sa démarche en fonction de l'objectif de l'utilisateur.

D'autres types d'offres peuvent émerger telles que la mise à disposition d'une machine à laver collective.

La question qui se pose dorénavant ne concerne non plus le produit mais la pertinence de l'expérience offerte. Le design glisse sensiblement du tout matériel pour englober de plus en plus d'aspects intangibles, de l'ordre du vécu. À titre d'exemple, il existe actuellement une structuration de consommateurs de l'intangibilité, que soit à travers la logique de la gratuité ou du développement des achats dématérialisés (voyages, etc.). On parle dorénavant d'expériences.

1.1.4. Le design et le monde de l'entreprise : « je t'aime, moi non plus »

Comme on l'a vu, les artistes et les décorateurs ont inventé le design à partir du moment où ils ont commencé à assumer l'industrie. « Par là même est né le syndrome du designer : sentiment de complicité avec le capitalisme, soumission coupable aux impératifs de la société de consommation, acceptation résignée de l'économie de marché, renoncement à l'idéal de transformation de la société. »[13]

Peu de temps après, à la fin du XXème siècle, l'on passe d'une société centrée sur l'industrialisation de la production à une société centrée sur l'industrialisation de la consommation. Comme le souligne Alexandra Midal un changement de perspective se produit. Le design se construit désormais dans la « fidélité aux désirs du consommateur ».[14]

En entrant dans le paradigme de la consommation, le design court dorénavant sans cesse le risque de se noyer dans le marketing dont la finalité est d'augmenter la désirabilité et la valeur perçue d'un objet. On est très loin de l'idéologie de William Morris d'améliorer le monde. Le critique d'art américain Hal Foster va même jusqu'à dire, dans « *Design et crime* », que cette alliance stratégique entre le design et la logique de marché est un crime. « Le design est l'un des principaux agents qui nous enferment dans le système quasi-total du consumérisme contemporain ». [15]

On comprend mieux la relation ambiguë qui existe entre designers et marketers. Les besoins qu'ils cherchent à satisfaire ne sont pas de même nature. Les designers jugeraient les objectifs des marketers trop mercantiles, s'appuyant sur des désirs consuméristes des cibles, alors que les designers s'appuieraient certes sur l'entreprise (moyen) mais pour proposer des produits devant améliorer le monde, ou tout du moins le réenchanter (finalité).

1.1.5. Design, éthique et responsabilité

D'après Victor Papanek, designer austro-américain (1927-1999), très critique, le design serait donc complice de la société de consommation. Il écrit en 1971 : « Il est grand temps que le design, tel que nous le connaissons actuellement, cesse d'exister ». Il ne conçoit pas le design en dehors d'une démarche éthique : le designer doit avoir « un sens aigu des responsabilités morales et sociales, et une connaissance plus approfondie de l'homme », car

« le design doit devenir **un outil novateur, hautement créateur et pluridisciplinaire, adapté aux vrais besoins des hommes** ».[16]

Vilém Flusser, philosophe tchèque (1920-1991) ajoute que « la responsabilité morale et politique du designer a pris dans la conjoncture actuelle une importance et même une urgence nouvelles ».[17]

1.2. La découverte d'une entreprise plus que fébrile

Tout en approfondissant mes connaissances en design, j'ai décidé de faire un MBA pour mûrir mon projet de promotion d'artisanat par le design. Mais cette formation fut avant tout l'opportunité d'approfondir ma connaissance de l'entreprise et de ses enjeux.

Au préalable, au cours de mon parcours professionnel, en tant que chargée des risques opérationnels puis auditeur dans le secteur bancaire, j'ai pu développer un regard critique sur le fonctionnement de l'entreprise. Je me suis rapidement intéressée aux formes d'entreprises atypiques, notamment celles aux finalités plus sociales, telles que les coopératives, les mutuelles, ou plus récemment au « social business », concept inventé par le prix Nobel de la Paix Muhammad Yunus.

Je me suis ensuite intéressée aux entreprises innovantes et je me suis souvent dit que, notamment dans le secteur bancaire que je connaissais bien, les nombreuses capacités humaines des salariés n'étaient malheureusement pas suffisamment valorisées et « utilisées ».

1.2.1. La thèse de Gary Hamel : l'organisation de l'entreprise et ses pratiques de management sont complètement dépassées

Gary Hamel, spécialiste américain en stratégie, est très virulent et défend la thèse, dans « La fin du Management, inventer les règles de demain » publié en 2007, que l'organisation de l'entreprise et ses règles de management sont totalement dépassées et plus du tout adaptées à la société actuelle, et qu'il faut tout réinventer. « Comparée aux changements considérables que nous avons observés au cours du demi-siècle dernier en matière de technologie, de style de vie et de géopolitique, la pratique du management semble évoluer à la vitesse d'un escargot. » [18] Si un dirigeant des années 1960 ressuscitait tout à coup, il serait certainement étonné de l'accélération du changement, de la performance des nouvelles technologies, de la pression en augmentation exponentielle de la concurrence, des enjeux de société tels que la responsabilité de l'entreprise envers l'environnement et ses parties prenantes, de l'exigence accrue des consommateurs, etc.

Ces nouvelles réalités exigent de nouvelles capacités organisationnelles et managériales. Pour prospérer dans un monde où les turbulences sont de plus en plus fréquentes et fortes, les entreprises doivent pouvoir adapter leur stratégie efficacement. Pour avoir une offre pertinente pour les clients et pour garder une longueur d'avance durable par rapport à leur concurrent, elles doivent multiplier les innovations révolutionnaires, celles qui changent les règles du jeu et apportent une véritable valeur ajoutée. Et si elles veulent inventer plus et mieux que leurs concurrents, elles doivent favoriser l'innovation au sein de leurs équipes et apprendre à donner envie à leurs collaborateurs, qui constituent le capital clé de l'entreprise, de donner tous les jours le meilleur d'eux-mêmes. Tels sont les défis que doivent relever ceux qui réinventeront l'organisation et le management au XXIe siècle.

Cependant, le « dirigeant ressuscité » trouverait que l'organisation et les pratiques de management n'ont guère changé par rapport à son vécu. Les hiérarchies sont sans doute plus plates mais elles n'ont pas disparu. Les salariés sont peut-être mieux formés mais on attend encore souvent d'eux qu'ils obéissent sagement aux décisions de la direction. La stratégie, les décisions et les innovations sont encore décidées au sommet. Les salariés sont encore motivés par l'atteinte de leurs objectifs et les bonus, qui sont des motivateurs extrinsèques. On le verra dans la partie suivante, ces entreprises ne sont donc pas suffisamment en phase avec les enjeux d'innovation dont dépendent aujourd'hui les économies.

« Mais la faiblesse la plus visible du management n'est-elle pas plus fondamentale encore ? **Le management, tel qu'il est actuellement, est-il seulement en phase avec la nature humaine ?** »[19]

1.2.2. Pourquoi en est-on arrivé là ? Un rapide retour historique

Il ne s'agit pas de retracer ici toute l'histoire de l'organisation du travail. Je souhaite seulement analyser sous un angle historique les problématiques actuelles qui puisent leur source au XIXe siècle. L'objectif est de comprendre pourquoi un certain type d'organisations et des pratiques de management qui ont pu avoir leur légitimité autrefois l'ont perdu aujourd'hui, pour s'avérer inefficaces et parfois même contre-productives.

La révolution industrielle que connaissent d'abord l'Angleterre puis l'Allemagne et la France au XIXe siècle va bouleverser la vie quotidienne de l'époque en termes de rapport au travail, de rapport au temps, et de rapport à l'espace. Et cette nouvelle organisation entre vie privée et vie professionnelle va établir les fondements de notre société contemporaine. Les hommes vont se regrouper autour des outils de production. Comme nous l'explique Nicole d'Almeida, Professeur des universités et responsable de l'Executive MBA du CELSA, lors d'un de ses cours, le problème majeur pour les entrepreneurs va alors être de trouver « comment faire travailler ces hommes ». **Apparaît donc dès l'origine de l'époque industrielle cette nécessité de motiver les salariés.**

Le seul système d'organisation connu à l'époque pour gérer des masses d'individus vers un objectif commun est le modèle militaire. Il va donc naturellement s'imposer avec tous ses codes en termes de stratégie, de hiérarchie, de contrôles, de réprimandes, etc.

Le taylorisme ou la triade « process, reporting et indicateur de performance »

En parallèle à cette organisation militaire et afin d'augmenter la productivité, les techniques de production vont être rationalisées à l'extrême, par Taylor puis Ford : c'est la naissance du travail à la chaîne critiqué entre autres par Charlie Chaplin dans « Les temps modernes ». En jetant les bases de l'organisation scientifique du travail, Taylor a identifié quatre grands principes caractéristiques. Il s'agit de la division horizontale du travail, de la division verticale, du salaire au rendement et du contrôle au travail.
Ses limites vite perçues.../...

Comme on le sait bien, ces méthodes vont durablement imprégner le monde du travail. Pourtant, les conditions de travail difficiles que ce type de management impose ont suscité dès le début du XIXe siècle des remises en question. À partir de 1930, certains chercheurs, dont Elton Mayo, psychologue australien considéré comme l'un des initiateurs des recherches sur les relations humaines dans l'industrie, vont montrer les limites de ce système en mettant en avant l'influence des facteurs d'ambiance et de relations sociales sur la productivité et le rendement.

…/… mais non prises en compte

Ces évolutions favorables des conditions de travail vont être fortement freinées en Europe par les deux guerres mondiales. Puis la période de reconstruction caractérisée par la prospérité économique et le plein-emploi (les Trente Glorieuses) va embarquer les Français dans la société de consommation. Cette époque sera sous-tendue par une logique de qualité de vie et les personnes chercheront à acquérir de nombreux biens pour se faciliter la vie et se consacrer à leurs loisirs. Le taylorisme ne sera pas remis en cause durant cette période de frénésie économique, d'autant moins que les Français se souviennent encore des privations et des traumatismes liés aux deux guerres.

Crise et croissance

Dans les années 1980, les crises pétrolières et la concurrence mondiale de plus en plus forte impactent fortement la croissance. L'économie devient mondiale et l'obligation d'être compétitif a des conséquences majeures sur le fonctionnement de l'entreprise, sur le management et donc sur les salariés. Le système de production tayloriste est donc renforcé.

1.2.3. Aujourd'hui, révision des règles de management

De nombreux auteurs défendent actuellement la thèse que ces pratiques dérivées du taylorisme ne sont plus adaptées et qu'il faut réviser les règles de management traditionnelles pour **redonner une place plus importante à l'humain, véritable atout de l'entreprise**. Il s'agit soit des sociologues des organisations tels que François Dupuy (« Lost in Management », Seuil, 2011), Anne et Eric Pezet (« La société managériale, essai sur les nanotechnologies de l'économique et du social », ou des spécialistes en stratégie comme Gary Hamel (« La fin du management », Vuibert, 2008).

Le mouvement est amorcé et de nombreux dirigeants ont également pris conscience de la nécessité de reconsidérer la place de l'humain, notamment ceux qui ont contribué à la rédaction de l'ouvrage riche d'enseignements « Empreintes sociales ». Les dirigeants de Rhodia, Accenture ou Toshiba se définissent comme des « praticiens humanistes » et s'accordent pour dire qu'il faut « plaider pour que le retour de la croissance ne s'accompagne pas d'un retour à de mauvaises habitudes et à de fausses valeurs, mais qu'il soit l'occasion de replacer l'homme au centre de l'entreprise et d'agir pour le long terme ». [20]

La crise financière que nous connaissons depuis 2008, et qui semblent partie pour durer, ne renforce-t-elle pas cette nécessité de reconcevoir des règles de management davantage autour des Hommes ?

L'omniprésence des contrôles alors que les tâches ont changé de nature

Lors de l'émission « Peut-on désorganiser les entreprises, comment serons-nous managés demain ? » du 8 avril 2011 sur France Culture, François Dupuy, sociologue des organisations, Professeur à l'INSEAD et auteur de « Lost in Management : la vie quotidienne des entreprises au XXe siècle », nous donne une définition simple et opérationnelle du management : « **le management consiste à obtenir des gens qu'ils fassent ce que vous souhaiteriez qu'ils fassent ».** Puis il annonce de manière très provocatrice, mais néanmoins lourde de sens, que le management a récemment fait un bon de cent ans en arrière, que nous sommes dans une période où le travail est devenu très difficile et que les salariés sont dans une situation de dépendance et de pression très forte.

D'après lui, la manière majoritaire d'obtenir aujourd'hui des gens qu'ils fassent leur travail est la coercition, et celle-ci consiste en un trio infernal : les process (qui décrivent la façon dont les salariés doivent faire les tâches qui leur incombent), les systèmes de reporting (les comptes à rendre aux supérieurs hiérarchiques, parfois nombreux) et les indicateurs de performance (pour suivre les objectifs). D'après François Dupuy, le problème est que les entreprises ont poussé à l'extrême ce que ni Taylor, ni Fayol n'auraient pu imaginer. La production de reporting est parfois même devenue une fin en soi.

Pour comprendre pourquoi Taylor avait sans doute raison en son temps, il est nécessaire de comprendre de quelle nature étaient les activités exercées. Les spécialistes du comportement classent souvent les activités scolaires ou professionnelles selon deux catégories : les activités « algorithmiques » et les activités « heuristiques ». Une tâche algorithmique consiste à suivre une série d'instructions selon un processus aboutissant à une conclusion unique. Une tâche heuristique est le contraire : il n'existe aucun algorithme et il s'agit d'expérimenter les possibilités pour définir une nouvelle solution.

Au cours du XXe siècle, le travail était la plupart de temps algorithmique. Aujourd'hui, la tendance s'est complètement inversée. D'après le cabinet de consultants McKinsey & Co, les tâches algorithmiques ne représentent plus que 30% de la croissance des emplois aux Etats-Unis, contre 70% pour les tâches heuristiques. [21] Une des principales raisons à cela est que les tâches routinières peuvent être délocalisées ou automatisées.

L'impact des contrôles sur l'autonomie

L'utilisation des reportings liés aux progiciels de gestion intégrés (PGI) est aujourd'hui abusive. Ils induisent de nombreux effets pervers tels que la déresponsabilisation et le contournement des contraintes, comme le montrent les monographies de la revue *Sciences de la Société* (n°61). Le baromètre du stress CFE-CGC (www.opinionway.com/cfe-cgc_stress) révèle par ailleurs que 39% des cadres interrogés en 2009 estimaient que l'utilisation de progiciel intégré «réduit la part des relations humaines dans [leur] travail et [que] c'est une mauvaise chose ».

Selon Jean-Marc Le Gall, conseiller en stratégies sociales, chroniqueur au journal *Le Monde* et Professeur associé au CELSA, « Exiger de ses collaborateurs un reporting incessant comporte des risques. Le premier est de diffuser le sentiment d'une perte de confiance, le second est de mettre en œuvre une usine à gaz sans effet réel sur le cours des choses »[22]. Airbus serait à cet égard un cas d'école : adepte de longue date de ces reportings, l'entreprise aurait laissé s'accumuler des retards de production importants sans que ces outils aient alerté les responsables. Par ailleurs, l'abus de centralisation et de standardisation peut avoir raison de la motivation.

Pour que ces outils soient vécus positivement, il est nécessaire, comme pour tout acte de management, d'avoir « un bénéfice pour l'utilisateur autant que pour le prescripteur ».[23] Il faut que les risques que l'on souhaite prévenir soient décrits et que l'exploitation de ces informations soit explicitée. Enfin, le reporting doit être conçu et présenté comme la contrepartie de l'autonomie accordée, et il doit être utile au collaborateur.

La motivation, élément clé de l'efficacité

En termes de motivation, les implications sont énormes. « Des chercheurs comme Teresa Amabile, de la Harvard Business School, ont constaté que les récompenses et les sanctions externes pouvaient être très efficaces dans le cas des tâches algorithmiques, mais catastrophiques dans le cas des tâches heuristiques. Teresa Amabile parle de **principe de motivation intrinsèque à créer**. » [24]

De son côté, Douglas Murray Mc Gregor (1906-1964), psychologue et Professeur de management à la *Sloan School of Management* du *Massachusetts Institute of Technology* (MIT), fait le constat dès 1960, dans son ouvrage *The human side of Enterprise*, que les dirigeants des grandes entreprises se fondaient sur des hypothèses erronées concernant le comportement humain. Ils considéraient souvent que les salariés devaient être contraints, contrôlés, dirigés, menacés de sanctions, si l'on voulait qu'ils fournissent les efforts indispensables à la réalisation des objectifs. La théorie classique est bâtie sur des modèles (Armée, Eglise ...) qui ne sont plus du tout adaptés aux réalités de l'entreprise moderne. Selon Mc Grégor, « les entreprises doivent adopter une vision différente et plus correcte de la condition humaine. **La créativité et l'inventivité sont des qualités très courantes au sein de la population et dans des conditions favorables, les gens acceptent d'exercer des responsabilités et en ont même le désir. »**[25]

Psychologue de formation, Frederik Herzberg (1923-2000), psychologue américain spécialisé en Business Management, effectua entre les années 50 et 70 de nombreuses études, réalisées sur le terrain, afin de déterminer avec précision les conditions à réunir pour que l'homme s'épanouisse dans son travail. Ses travaux l'ont conduit à une découverte importante en matière de psychologie du travail : **les facteurs de mécontentement sont surtout liés à l'environnement alors que les facteurs de satisfaction sont ceux qui permettent un développement personnel et une considération du travail accompli.**

Les deux grands théoriciens du « besoin », qu'il s'agisse d'Abraham Maslow (1908-1970), célèbre psychologue à l'origine de la « pyramide des besoins », de Clayton Paul Alderfer (1940-) psychologue américain condensant les 5 niveaux de la pyramide de Maslow en 3 besoins essentiels (existence, relation, croissance) partent de l'idée qu'il existe une force interne qui nous pousse à chercher la satisfaction de nos besoins. Ils travaillent essentiellement sur les aspects affectifs qui différencient les individus entre eux et expliquent leur motivation.

De son côté, Daniel H. Pink, ancien responsable des discours du vice-président Al Gore et auteur de « La vérité sur ce qui nous motive » analyse ce qu'il considère être les trois éléments de la motivation, indispensable à toute performance individuelle, que sont l'autonomie, la maîtrise et le besoin de donner un sens à ce que l'on fait. Il est donc fondamental pour l'entreprise de comprendre que **ce qui motive ses salariés doit provenir de « l'autonomie dans l'activité, la maîtrise de l'activité et de l'identification au but poursuivi. »**[26]

La revendication du bien-être au travail

Selon un sondage TNS Sofres de mai 2011, plus de la moitié des salariés considère l'intérêt au travail comme le premier facteur de bien-être en entreprise. Celui-ci prime même sur la qualité de vie au bureau (38%) et sur la rémunération (37%). « Le bien-être des salariés dans leur entreprise commence par ce qui les fait se lever le matin, c'est-à-dire l'intérêt qu'ils portent à leur travail » explique Laurence Bedeau de l'institut TNS Sofres.

La financiarisation de l'économie et son impact sur les salariés

Depuis le milieu des années 90, l'économie a imposé aux entreprises multinationales une vision court-termiste des affaires, au profit des actionnaires. La contribution active des entreprises à cette « tyrannie du rendement maximal », selon l'expression d'André Orléan, Président de l'association française d'économie politique et ancien membre du conseil scientifique de la Commission des opérations de bourse, a entraîné des conséquences majeures pour les salariés. « Les dirigeants ont, ce faisant, pris leur distance avec leur personnel, aussi bien dans leurs décisions stratégiques et leur communication, que de fait de comportements individuels considérés comme peu solidaires. En second lieu, cette crise managériale se double d'une crise profonde du travail, fruit de quinze années de transformation accélérée des entreprises, et de sous-estimation problématique du facteur humain. »[27]

1.2.4. De surcroît, l'entreprise démunie face aux évolutions de la société

« Durkheim, l'un des fondateurs de la sociologie moderne, identifie de manière prémonitoire une autre évolution de nature à fragiliser le monde du travail, et que le management contemporain exacerbe : la course permanente au progrès économique et au dépassement de soi ».[28]

Des individus de plus en plus autonomes et en recherche d'épanouissement

Une fois que les quatre premiers besoins de la pyramide de Maslow sont satisfaits, à savoir les besoins physiologiques, les besoins de sécurité, les besoins d'appartenance et affectif ainsi que le besoin d'estime, l'accomplissement personnel est recherché. « Les enquêtes réalisées sur ce que les salariés attendent de leur travail vont dans le même sens, avec des réponses qui tournent autour de quatre items : réalisation personnelle, expression de soi, autonomie, opportunité d'exprimer sa créativité. »[29]

La volonté d'épanouissement individuel est aujourd'hui devenue dominante, et **cette aspiration au travail en tant qu'une des sources d'épanouissement ne changera pas** : elle découle d'évolutions de la société actuelle. Elle ne se délègue plus et chacun se considère responsable pour lui-même. L'individu prime aujourd'hui sur le collectif, et en devenant maître de son destin, il tend à se détacher des formes d'autorité, qu'elles soient religieuses ou autres. L'individu cherche dorénavant à davantage maîtriser ce qui lui arrive, y compris dans sa vie professionnelle. Le travail est un lieu essentiel de socialisation et contribue à une part importante de notre identité.

Malheureusement, les entreprises sont toujours parmi les dernières institutions à intégrer les changements sociétaux. Et Gilles Verrier explique que s'il existe aujourd'hui un désengagement des salariés, c'est parce que l'entreprise déçoit, précisément par rapport à cette attente d'autonomie, d'épanouissement au travail.

Selon l' « European Values Survey », la France serait le pays développé dans lequel la part des personnes satisfaites de leur travail serait la plus faible. « Ce n'est pas l'individu qui n'est pas motivé, c'est le travail qui n'est pas motivant.»[30]

Vers un fonctionnement participatif ?

Selon l'historien Pierre Rosanvallon, la démocratie était apparue à l'origine comme la solution politique à la diversité croissante des sociétés car elle évitait ce qu'il appelle « la discussion permanente » entre ses membres. Il explique également que ce régime politique ne peut fonctionner sans le concours d'« institutions invisibles » que sont la confiance, la légitimité et l'autorité.

Jean-Marc Le Gall applique ce concept au monde de l'entreprise. « Si l'entreprise n'est pas, par construction, démocratique, elle ne se développe pas durablement sans de semblables « institutions invisibles » : la confiance, la légitimité de son management et l'autorité reconnue de ses dirigeants »[31]. Hors, selon un sondage TNS Sofres de 2009, seulement 42.7% des salariés ont confiance dans leurs dirigeants et seuls 40.8% jugent que les intérêts de ces derniers et les leurs vont dans le même sens.

« De même que M. Rosanvallon invite à repenser *La légitimité démocratique* (Seuil) à partir d'un nouveau triptyque « impartialité, réflexivité, proximité », le moment est venu de repenser l'entreprise et sa régulation sociale à partir d'équité, de proximité et de participation ». [32] J'aurais quant-à-moi conservé également la notion de réflexivité, trop souvent absente de l'entreprise comme on le verra dans la partie suivante.

« De même que la démocratie s'enrichit des expériences associant des citoyens, l'entreprise doit imaginer des formes nouvelles de consultation et de débat avec ses salariés …/… **Le défi pour « réenchanter » les entreprises est de faire émerger un contre-pouvoir coopératif, qui combine la loyauté à l'institution, le droit au débat et la volonté d'agir** ».

Il est grand temps de souhaiter aux dirigeants de trouver les moyens de se réconcilier avec leur personnel. Mais le réenchantement de l'entreprise ne pourra pas résulter de discours célébrant « l'entreprise responsable ». Les salariés ne croient plus aux discours et, de surcroît, ils se sont responsabilisés. Ils entendent avoir leur mot à dire sur ce qui les concerne.

Le principal enjeu est de fonder un nouveau contrat coopératif entre le salarié et son entreprise, fait de cohérence et de réciprocité. C'est ce que Jean-Luc Fallou, Président de Stratorg, société de conseil en stratégie et organisation (qui a mis au point de nouvelles techniques pour mesurer et accroître la confiance en entreprise) appelle le « contrat invisible ». « L'entreprise demande de la flexibilité au salarié, alors elle doit se comporter de même en retour ; elle exige un fort engagement, alors elle doit s'engager fortement pour la santé, le bien-être au travail, et d'employabilité de son collaborateur » [33].

La complexification du rapport au temps

Nicole d'Almeida met par ailleurs l'accent sur un aspect très intéressant qui est le changement du rapport au temps.

Selon elle, la révolution industrielle a inventé le « temps travail » qui est le temps productif rémunérateur, la plage temporelle consacrée au travail durant laquelle l'individu est gelé, intégralement dédié à sa tâche. Et c'est précisément sur ce point que les conflits sociaux vont se déclencher.

Aujourd'hui, le rapport au temps de travail est en perpétuel bouleversement et, de nouveau, source de malaise pour les salariés.

- **L'accélération du temps**

Les technologies évoluent de manière toujours plus rapide. L'accélération exponentielle des transports, de la communication et de la production raccourcit le temps qu'exigent de nombreuses tâches en libérant des ressources temporelles considérables, de telle sorte qu'on devrait disposer, en théorie, de plus de temps pour un même volume d'actions. Mais pris dans le même mouvement d'accélération technologique et sociétale, le nombre de tâches s'est aussi démultiplié.

Le résultat est, qu'aujourd'hui, tous les salariés se trouvent confrontés à ce que Harmut Rosa appelle « la contrainte d'adaptation », dans son livre « Accélération, une critique sociale du temps ». « Dans une société dynamique, en raison de la « compression du présent », la quasi-totalité des savoirs est constamment menacée d'obsolescence » [34]. Il explique que, quoi que l'on fasse, notre environnement continue à se transformer extrêmement rapidement.

À titre d'exemple, lorsqu'un salarié prend une période de congés, il se retrouve face à une messagerie numérique surchargées d'emails et à un retard dans sa charge de travail. Naît alors le sentiment oppressant, et ceci malgré les congés payés et les 35 heures, que le temps fuit à toute allure. Harmut parle alors de « **contrainte d'accélération structurelle de la modernité qui *oblige* les sujets à vivre plus vite** »[35] .

- **Le temps réel**

Par ailleurs, et comme l'explique Stéphane Gauthier, designer, un nouveau rapport au temps est né avec le numérique. Aujourd'hui, tout nous arrive en temps réel. On s'attend par exemple souvent à ce qu'un mail parti soit lu dans les minutes qui suivent. Il s'agit d'une diffusion douce de l'instantanéité qui renforce cette idée, fondamentalement fausse, que tout est urgent. On traite les e-mails au fur et à mesure sans aucune logique. Il devient très difficile de gérer les priorités et les salariés devraient davantage y être formés.

Pris dans ce flux d'information qui ne s'arrête jamais, il n'y **a plus aucune place pour la réflexion, alors que celle-ci est le cœur des activités heuristiques qui sont, comme on l'a vu, devenues majoritaires dans les pays développés.** Il devient donc urgent de remettre en place un modèle propice à la réflexion.

Avec ce temps « oppressant » apparaît un autre phénomène néfaste pour les salariés, et au-delà pour les entreprises. Dans un monde caractérisé par le changement permanent et la vitesse, le long terme est sacrifié au bénéfice des nombreuses tâches de court terme, par nature toujours plus urgentes. « C'est désormais la puissance de l'échéance qui détermine l'ordre de succession des activités, d'où le fait que, dans une situation où les ressources temporelles sont maigres, les objectifs non liés à des délais ou à des *deadlines* sont peu à peu perdus de vue, pour ainsi dire écrasés sous le poids de ce qu'il faut (d'abord) « régler » - et finissent par ne laisser que le vague sentiment que l'on n'arrive plus à rien faire. »[36] Le rôle du management apparaît alors fondamental pour aider les collaborateurs à hiérarchiser leurs tâches.

De surcroît, la financiarisation de l'économie, l'accélération du changement et l'incertitude de plus en plus prégnante pour le long terme conduisent les entreprises à s'inscrire dans une logique de court terme.

Les salariés ne se retrouvent-ils pas coincés dans du court terme, souvent insignifiant, voire incohérent ? Ne sont-ils pas dépossédés de vision à long terme et donc de sens ? Comment peuvent-ils garder le temps nécessaire au recul, à la réflexion et à la créativité qui, par essence, demande du temps ? Ne convient-il pas, dans ce cas, de requestionner non seulement l'organisation mais aussi le management ?

Le risque est que l'insatisfaction s'installe de manière plus pérenne. Selon Marx, le produit du travail produit une sorte d'extériorisation matérielle de soi-même : on est ce qu'on fabrique. « Par conséquent, si le fruit du labeur n'est pas perçu comme achevé à cause d'un travail bâclé, on se sent non seulement paresseux, négligent ou peu doué, mais on risque également de se percevoir comme imparfait, voire raté. Il devient clair que le **sentiment de** n'avoir pas le temps de bien faire son travail nuit gravement à l'estime de soi et peut mener à la dépression. »[37]

La dématérialisation du travail intellectuel

La revue Philosophie Magazine de mai 2010 analyse le travail actuel qui est devenu majoritairement intellectuel. Alexandre Lacroix, philosophe, dans son article « le travail nuit-il à la santé ?» déclare qu'aujourd'hui en France, 8 personnes sur 10 n'exercent pas un travail « concret », au sens où elles ne fabriquent aucun objet. Le travail intellectuel occupe une place nouvelle dans l'existence des individus. Il n'est pas délimité par le temps. Ce travail mobilise à la fois bien sûr le langage de la personne mais aussi son affectivité, ses émotions. « Son emprise est donc très forte sur l'intériorité du sujet »[38]. Il exige de surcroît une perpétuelle flexibilité car il repose sur des réseaux de relations humaines et des informations en mouvements incessants.

« En d'autres termes, c'est la vie elle-même, dans toutes ses dimensions – psychologique, affective, linguistique, cognitive – qui est impliquée dans l'effort de production. »[39] Le mérite de cette analyse est de nous montrer comment **la vie psychique est mobilisée par le travail intellectuel.** Comment réagir face à ce phénomène ? Alexandre Lacroix nous dit que, au niveau individuel, il existe sans doute un remède philosophique, plus existentiel, à ces maux contemporains que sont les stress et la souffrance au travail : il faut essayer de préserver une part de soi-même, rester maître de son temps. « Il ne faudrait pas que cette activité coupe court à tous nos rêves, envahisse à chaque instant notre conscience, dirige nos émotions. Si notre survie dépend de notre obéissance aux diktats de l'univers professionnel, la vie est ailleurs »[40].

1.2.5. Un résultat très préoccupant pour une économie développée du XXIe siècle

Le désengagement des salariés

Jean Marc Le Gall, dans son article « Une typologie du désengagement », paru dans Le Monde du 11 janvier 2011, explique que, si les entreprises se préoccupent aujourd'hui d'évaluer et d'encourager l'engagement de leurs collaborateurs, c'est bien sûr en raison des exigences de compétitivité inédites de l'économie mondialisée, mais c'est aussi parce qu'elles redoutent que nombre d'entre eux se désengagent. D'après lui, moins de 10% des salariés d'Airbus se déclaraient « pleinement mobilisés » pour leur entreprise lors d'une enquête réalisée en 2009.

Jean-Marc Le Gall classe le désengagement par ordre décroissant d'implication : irrévérence, récalcitrance, militance, cynisme, rébellion et renoncement. Albert Camus soulignait en 1951 dans « *L'Homme révolté* » que celui qui s'oppose ne renonce pas. En conséquence, et comme le dit Jean Marc Gall, **« reconnaître la valeur de l'opposition et ne pas la réprimer, mais au contraire la prendre en compte, peut contribuer de manière décisive à l'engagement des salariés. »**

La souffrance au travail

Dès 1977, l'ouvrage de la CFDT « Les dégâts du progrès » alertait sur les conséquences de la modernisation des entreprises en terme de condition de travail. Étaient mis en cause les restructurations, les effets de l'automatisation et l'accroissement de la division du travail.

L'idée a ensuite prévalu, au cours des années 1990, que l'activité professionnelle tertiaire, et devenue de fait plus abstraite et intellectuelle, était ainsi moins pénible physiquement et dès lors moins dangereuse. Le projecteur a ensuite été mis sur une autre dimension du travail par deux ouvrages publiés en 1998 : « La souffrance au travail » de Christophe Dejours et « Le harcèlement moral » de Marie-France Hirigoyen. Tous deux ont connu un certain retentissement et ont été à l'origine de nombreuses études et enquêtes sur le stress et la mauvaise gestion des ressources humaines en entreprise. « En montrant ce que les situations de compétitions peuvent avoir de destructeur pour certains, ces recherches ont souligné les risques nouveaux induits par le dynamisme de la nouvelle économie et le culte du dépassement de soi. »[41]

Par ailleurs, « toutes les enquêtes disponibles montrent à la fois la persistance des facteurs traditionnels de pénibilité (efforts physiques répétés, exposition à un environnement « agressif », travail en 3 x 8, la nuit, etc.), et le développement de troubles nouveaux, liés à l'accélération des rythmes de travail et à sa plus grande complexité. Les études sérieuses, si elles mettent en cause les effets de l'"intensification du travail – en urgence, plus diversifié,

48

requérant plus d'initiative -, s'attachent ensuite à montrer que **ce sont les choix d'organisation qui sont en cause** ».[42]

Les risques psycho-sociaux : prise de conscience des entreprises renforcée par le renforcement de la jurisprudence et l'obligation nouvelle d'un management responsable

La médiatisation des suicides au travail a nourri un funeste feuilleton qui a suscité l'émotion et l'incompréhension tout au long du second semestre de l'année 2009.

En réaction, le Premier Ministre François Fillon a demandé à Henri Lachmann (Président du conseil de surveillance de Schneider Electric), Christian Larose (Vice-président du Conseil économique, social et environnemental), Muriel Pénicaud (Directrice générale des ressources humaines de Danone) de lui remettre un rapport, en février 2010, sur le bien être et l'efficacité au travail. Ce rapport s'adresse aux pouvoirs publics, aux partenaires sociaux et avant tout aux entreprises en leur proposant dix mesures concrètes pour améliorer la santé psychologique au travail. Ils évoquent les enjeux de la santé au travail, les acteurs de la prévention des risques psychosociaux et leurs visions du bien-être en entreprise. On notera notamment les recommandations suivantes :

- L'évaluation de la performance doit intégrer le facteur humain et donc la santé des salariés
- La santé des salariés est l'affaire des managers, elle ne s'externalise pas

- La mesure des conditions de santé et de sécurité au travail est une condition du développement du bien être en entreprise
- Le salarié ne doit pas être laissé seul face à ses problèmes

Par ailleurs, les entreprises de plus de 1 000 salariés se sont vues dans l'obligation de négocier pour le 1er février 2010 un accord sur la prévention des risques psychosociaux.

Enfin, et c'est sans doute la mesure qui sera la plus efficace, la Cour de cassation a reconnu, lors d'un arrêt du 10 novembre 2010, qu'un mode de management peut être à l'origine du harcèlement sans qu'il y ait pour autant une relation interpersonnelle agressive ou perverse entre un manager et un collaborateur.

Par la suite, le tribunal des affaires de Sécurité sociale (TASS) de Nanterre a condamné Renault, le 17 décembre 2009, après le suicide d'un ingénieur du Technocentre de Guyancourt au motif que « l'employeur aurait dû avoir conscience du danger auquel le salarié était exposé » et qu'il « n'a pas pris les mesures nécessaires pour préserver son salarié du risque qu'il encourait » et « aurait dû accompagner le personnel par des mesures de management appropriées ».

Selon Jean-Marc Gall, **les juges ont clairement voulu « signifier aux dirigeants qu'ils ne feraient dorénavant preuve d'aucune indulgence à leur égard, en cas de négligence coupable ».**[43]

Au-delà des difficultés humaines, les conséquences économiques du stress – arrêts de travail, absentéisme, perte de productivité – se chiffrent en millions d'euros. Selon une étude de l'Institut national de recherche et de sécurité pour la prévention des accidents du travail et des maladies professionnelles (INRS), « **le coût direct et indirect du stress s'évalue entre 830 et 1.656 millions d'euros par an**, soit 10 à 20 % du budget de la branche maladies professionnelles de la Sécurité sociale. »[44]

L'entreprise responsable est-elle crédible ?

Les démarches de Responsabilité Sociétale des Entreprises (RSE) sont apparues à la fin des années 1990 en réponse à des mises en cause des pratiques d'entreprises par des organisations non gouvernementales, au motif qu'elles faisaient supporter à la société des externalités négatives, comme la dégradation de l'environnement. Les entreprises ont alors dû se différencier en valorisant leur marque et en se protégeant contre ces accusations.

Les pratiques de RSE se sont largement amplifiées avec la prise de conscience de l'enjeu du développement durable. Et je prendrai le parti de me référer à la définition issue de la notion du développement durable.

L'exercice de cette responsabilité se manifeste habituellement à, au moins, deux niveaux. Dans un premier temps, l'entreprise doit s'engager à assumer les conséquences de ses actes envers l'ensemble de ses parties prenantes, dans une logique de réparation, mais surtout et lorsque c'est possible, de prévention.

Dans un second temps, elle communique pour se construire une image responsable, légitimer ses actions et préserver sa réputation.

Dédiée à l'intérêt général, cette médiatisation, et parfois sur-médiatisation, si elle semble légitime à ses dirigeants, rencontre trop souvent le scepticisme tant des salariés que de l'opinion publique. Cette défiance surgit quand ces politiques sont démenties par des pratiques internes perçues comme contradictoires avec l'image construite. « Pour s'en protéger, les entreprises doivent agir avec la même qualité de traitement et la même exigence de responsabilité envers leurs salariés qu'envers leurs clients. »[45] Les salariés sont en effet souvent les grands oubliés de la RSE.

A titre anecdotique, on peut se rappeler les salariés de l'Oréal qui se sont regroupés début 2011 pour revendiquer des hausses de salaires en récupérant à leur compte le slogan de la marque « Parce que nous le valons bien ».

1.3. Conclusion : il est urgent de réinventer le fonctionnement de l'entreprise

Cette réflexion passera nécessairement par la valorisation des capacités humaines.

« Cette crise ouverte du travail résulte de la coexistence paradoxale et très problématique de cette intensification du travail et de la sous-estimation du facteur humain. »[46]

1.3.1. Les fondements à restaurer

L'entreprise est généralement perçue par les salariés comme de plus en plus contraignante par rapport à leurs aspirations. Cependant, l'entreprise dispose aussi de nombreux ressorts d'engagement, le tout est de les connaître et de savoir les activer.

La foi en l'humain, véritable avantage compétitif des sociétés occidentales

L'Occident, contrairement à la majorité des pays asiatiques, croit en l'homme et en sa capacité de développement, et c'est ce qui constitue, d'après Jean-Luc Fallou, le premier avantage compétitif des sociétés occidentales.

Par ailleurs et comme le dit Jean-Marc Le Gall lors de son cours au Celsa, « **le monde, et donc les individus, montent en gamme en attente civilisationnelle** ». C'est-à-dire qu'ils entendent être traités en adultes, parce qu'ils veulent se comporter en adultes responsables et autonomes, dans la vie de tous les jours et notamment au travail.

Il est donc indispensable de mettre en place les conditions pour que le salarié puisse s'investir et développer ses capacités au sein de l'entreprise.

La confiance

D'après Jean-Luc Fallou, « parvenir à une performance humaine et économiquement durable suppose de stimuler les comportements.

Il faut inviter chacun au **dépassement de soi**, à l'initiative, au progrès continu et au maintien d'un engagement fort au sein de l'entreprise. **La confiance est un ingrédient clé pour faciliter ces changements de comportements et assurer cet engagement.** A contrario, la perte de confiance a souvent des conséquences dramatiques et ce d'autant plus que les dirigeants ne l'ont pas toujours vu venir. »

Au-delà du salaire, le climat de confiance participe de la capacité d'une entreprise à créer l'engagement de son personnel, pour une performance durable et harmonieuse. Mais cet engagement, on l'a vu dans la première partie, ne va pas de soi. Dans la confiance, les deux parties impliquées doivent converger. Cette confiance se construit autour d'un contrat que Jean-Luc Fallou appelle le contrat invisible. Selon lui, « **Le contrat invisible** établit ce que sont les motivations majeures valorisées dans chaque entreprise, qui sont les acteurs importants dans la réalisation des motivations, dans l'obtention des reconnaissances, il connaît les temps forts de l'entreprise où le salarié se sent en pleine harmonie avec son entreprise. »

L'implication des salariés

Dans son article « une occasion historique de réformer l'entreprise » paru dans Le Monde le 8 juin 2010, Jean-Marc Legall considère lui aussi que l'entreprise doit instaurer un climat de confiance pour que chaque salarié puisse s'impliquer et se sentir libre d'être dans la contestation et dans la participation. « Car le salarié va, en faisant le choix de communiquer son expérience et son opinion, éventuellement critique, se positionner comme contributeur. » Mais ce qui est très important est que ce loyalisme nécessite la réciprocité. **« Innover pour créer les conditions d'une participation des** salariés, tel est l'enjeu de la réforme des entreprises. Elle ne se fera pas sans un transfert de pouvoir du centre vers sa périphérie, et de ses dirigeants vers les salariés et leurs représentants.» [47]

L'autonomie, la participation au changement et la nécessité du sens

Analysant les différentes études qui se sont succédées à ce sujet, Hanzes et De Keyzer mettent de leur côté l'accent sur **« l'appel à une démocratie du travail, laissant une autonomie et un pouvoir décisionnel au personnel, le recours à la participation dans tout changement organisationnel, la nécessité que le travail ait un sens, l'importance des relations sociales et des communications dans le travail. »**[48]

1.3.2. Et la réinvention du modèle d'organisation du travail

Stéphane Richard, avant de prendre ses fonctions de président de France Télécom annonçait sa volonté de **« réinventer un modèle d'organisation du travail »**.

La décennie 2010 sera-t-elle l'occasion de mieux concilier performance et bien être au travail ? D'après Jean-Marc Le Gall, plusieurs conditions sont indispensables. « La première est que l'État, le patronat - qu'on a peu entendu sur ce sujet – et les directions d'entreprise osent mettre le sujet de l'organisation et de l'intensification du travail en débat. Ensuite, ces dernières doivent analyser sans complaisance leurs outils, règles et pratiques de management…./… la seconde rénovation à envisager est celle de la fonction ressources humaines. » [49]

Il précise que « Mieux reconnaître les personnes, leurs contributions et leurs difficultés, pour améliorer les organisations, sont les conditions impératives de ce travail de fond, à l'opposé des solutions rapides ou individuelles, dictées par la seule actualité. Ce chantier de grande envergure est essentiel, faute de quoi il n'y aura finalement ni motivation, ni santé au travail, ni performance. »[50]

Il est donc « **urgent d'investir dans la construction d'organisations et de relations plus responsables en matière de bien-être et de santé au travail** ».[51]

François Dupuy, sociologue des organisations et auteur de « Lost in management » (Le Seuil, février 2011), explique, lors de la table ronde de France Culture du 8 avril 2011 «Peut-on désorganiser les organisations, comment serons-nous managés demain ? », que « **le management doit être réinventé parce qu'il ne fonctionne plus des deux côtés de la chaîne** » : si les salariés se mettaient à faire la grève du zèle, c'est-à-dire à appliquer docilement et consciencieusement toutes les règles en terme de process, de reporting et d'indicateurs, le fonctionnement de l'entreprise serait en péril. À l'autre bout de la chaîne, ce type de management produit de la souffrance, pas tant pour les cadres qui s'en sortent le mieux, mais c'est un véritable vecteur d'angoisse et de stress pour les opérateurs. François Dupuy donne l'exemple banal d'un supérieur qui demande à un de ses subalternes d'effectuer une tâche autrement. L'opérateur, s'il ne se sent pas suffisamment en confiance pour demander des explications à son responsable, va en déduire que ce qu'il faisait précédemment n'était pas bien, et va se sentir d'autant plus mal qu'il éprouve des difficultés à suivre le nouveau process indiqué.

Selon François Dupuy, **les solutions doivent être trouvées par les entreprises elles-mêmes, et non pas imposées par l'extérieur**. Il existe heureusement, comme nous le verrons dans la seconde partie, de nombreuses initiatives dans ce sens.

Au-delà des entreprises, ces réflexions sur l'humanisation de l'entreprise intéressent donc les sociologues, les psychologues du travail, les philosophes, puis les médias et les politiques en raison de la prise de conscience des risques psychosociaux, notamment suite aux suicides chez Orange. Cependant, il me semble, et je trouve cela très dommageable, que les formations en management et en ressources humaines ne prennent pas suffisamment en compte ces préoccupations. Véronique Richard, Directrice du CELSA, nous apprend par ailleurs, lors d'un cours sur l'éthique, que les sciences sociales n'ont été introduites dans les programmes de gestion des grandes écoles qu'extrêmement récemment, c'est-à-dire en 2009, 2010, dans le but précis de sensibiliser les futurs dirigeants aux problématiques de Responsabilité Sociale des Entreprises, et dans la lignée de Harvard qui avait créé en 2008 une charte du « *Fair Management* ». La lecture du contenu des formations en ressources humaines et en management de quelques grandes écoles me laisse encore assez perplexe...

Vue l'ampleur des difficultés que rencontrent actuellement les entreprises, il est devenu urgent de les aider à réinventer leurs organisations et leurs pratiques de management autour des hommes afin de les rendre plus efficientes.

Nous avons démontré que dans les entreprises où les tâches sont majoritairement heuristiques, le capital humain est la ressource clé. N'oublions pas que l'avantage comparatif de l'Occident repose sur ses hommes et ses femmes et que « le monde monte en gamme en attente civilisationnelle », comme le dit Jean-Marc Le Gall.

Ne pourrait-on pas envisager de demander aux designers d'aider les entreprises à réinventer leurs organisations et pratiques de management, puisque ces derniers sont les spécialistes de la conception des domaines concernés par l'humain ?

Afin d'en approfondir les ressorts et les enjeux, j'analyserai les innovations organisationnelles ainsi que les préconisations de Norbert Alter, spécialiste de l'innovation organisationnelle, pour essayer d'en tirer des leçons transférables.

Enfin, dans une troisième partie, j'explorerai comment le design pourrait participer à ce grand chantier de réinvention de l'organisation et des pratiques de management.

II. L'innovation organisationnelle

2.1. Les principaux types d'organisation

La question de l'invention de nouvelles formes d'organisation est présente depuis la seconde moitié du XXe siècle. Il existe depuis cette période une quête incessante de nouvelles méthodes.

Les principales origines des nouvelles formes d'organisation sont soit d'ordre économique (l'environnement instable et l'intensification de la concurrence ont favorisé les structures plus souples, plus adaptables et plus décentralisées), soit d'ordre sociétal (la responsabilisation et les aspirations du personnel poussent les dirigeants à la délégation du pouvoir).

D'après l'étude de Mathieu Bunel, « Formes d'organisation du travail et relations de travail », de décembre 2008[52], les organisations tayloriennes emploient 25% des salariés. Le modèle de la production au plus juste (lean production) concerne quant à lui 24% des salariés. On apprend en revanche que 37% des salariés travaillent dans des entreprises correspondant aux formes d'organisation des « entreprises apprenantes », bénéficiant de plus grandes marges d'autonomie et de moindres pressions temporelles. Le reste de l'effectif (14%) est pour sa part employé dans des « organisations simples » caractérisées, selon les auteurs, par un rôle prépondérant du contrôle hiérarchique dans l'organisation du travail.

Selon une étude du Centre d'Etudes de l'Emploi de novembre 2006 « conditions de travail et santé au travail des salariés de l'Union Européenne : des situations contrastées selon les formes d'organisation » réalisée par Antoine Valeyre, les conditions de travail ou de santé au travail sont plus favorables dans les organisations apprenantes que dans les organisations tayloriennes ou en *lean production*. Et la situation est en général moins bonne dans les organisations en *lean production* que dans les organisations tayloriennes.

2.2. Les nouvelles formes d'organisation

2.2.1. L'innovation organisationnelle

2.2.1.1. Qu'est ce que l'innovation organisationnelle ?

Selon le manuel d'Oslo[53], l'innovation organisationnelle désigne à la fois les nouvelles formes d'organisation du travail, les systèmes de gestion des connaissances, les méthodes de mobilisation de la créativité des travailleurs, ainsi que les nouvelles formes de relations entre les entreprises et leur environnement économique. Son objectif est d'améliorer les performances d'une structure en réduisant ses coûts de gestion et de fonctionnement, en améliorant le niveau de satisfaction de l'équipe, ce qui impactera favorablement sur l'amélioration de sa productivité.

2.2.1.2. La gestion des connaissances

La gestion des connaissances et des compétences joue un rôle clé dans l'innovation organisationnelle. Elle inclut évidemment l'investissement dans la formation continue du personnel, mais aussi diverses méthodes d'expression, de circulation et de capitalisation du savoir et du savoir-faire accumulés dans une entreprise. Elle couvre aussi l'accès aux sources extérieures de connaissances, à travers des partenariats orientés vers la recherche et le développement. Un double mouvement s'observe, à première vue contradictoire. D'une part, on assiste à une codification croissante des connaissances, à travers des bases de données de problèmes et solutions (par exemple les FAQ, frequently asked questions), des systèmes experts ou des moteurs de recherche. D'autre part, il existe un regain d'intérêt pour les connaissances tacites, celles qui ne sont pas codifiables, par exemple les compétences relationnelles ou sociales. L'enjeu est de concilier les atouts de la connaissance codifiée avec la créativité de la connaissance tacite.

Par ailleurs, il apparaît de nouvelles **méthodes pour mobiliser la production d'idées et la créativité des salariés.** La créativité peut se construire et se déconstruire et son émergence dépend largement de l'environnement dans lequel elle s'inscrit. Le management doit donc inciter à l'émergence de la créativité mais également gérer ses conséquences au niveau de l'organisation.

2.2.1.3. L'organisation ou les pratiques de travail

Les nouvelles formes d'organisation du travail comprennent une large gamme de pratiques de travail qui ont pour trait commun de constituer une rupture avec les formes hiérarchiques et tayloriennes, héritées à la fois de l'ère industrielle et de la bureaucratie. Les nouvelles formes d'organisation du travail favorisent le travail en équipe, l'autonomie encadrée, le travail par projet, le temps de travail flexible, l'implication personnelle dans le travail. Il s'agit ici d'instaurer de **nouvelles mesures d'attribution des responsabilités et du pouvoir de décision entre les salariés.**

Elles sont souvent liées à l'introduction de démarches de qualité totale, de la production à flux tendus dans l'industrie et à l'accessibilité 24h sur 24 dans les services. **Ces changements sont souvent source de tensions, qui seront d'autant mieux maîtrisées que de nouvelles initiatives de dialogue social accompagneront les nouvelles formes d'organisation du travail.**

2.2.1.4. Les réseaux de relation des entreprises

Il s'agit cette fois d'organiser de manière plus pertinente et efficace les relations avec les interlocuteurs extérieurs de l'entreprise : clients, institutions publiques, organismes de recherche, achats, etc.

Un exemple d'innovation est l'intégration au sein d'un cluster, c'est-à-dire un regroupement d'entreprises partageant des intérêts communs et des complémentarités afin de permettre des externalités positives.

2.2.1.5. Mesure de l'innovation organisationnelle

La Commission européenne réalise tous les trois ans, dans tous les pays de l'Union, une grande enquête sur l'innovation (CIS, Community Innovation Survey), dont elle publie les résultats sous la forme d'un tableau de bord de l'innovation. On y trouve aussi, de manière dispersée, quelques indicateurs utiles pour appréhender certains aspects de l'innovation organisationnelle.

Le premier constat en 2009 est que les entreprises considérées comme innovantes, selon les critères CIS, sont nettement plus nombreuses à avoir mis en œuvre des changements organisationnels que les entreprises non innovantes: 53% contre 30% dans les industries manufacturières, 49% contre 32% dans le secteur des services.

« **Dans de nombreuses études sur l'innovation et ses impacts, les innovations organisationnelles sont considérées comme une clé de réussite dans la mise au point de nouveaux produits, de nouveaux services et de procédés plus performants.** Lorsqu'il s'agit d'innover dans les services, c'est-à-dire dans des produits immatériels, la dimension organisationnelle est souvent primordiale. Dans tous les cas, la convergence entre innovations technologiques et innovations organisationnelles apparaît essentielle. »[54]

Ce résultat confirme donc la thèse défendue par Gary Hamel qui, comme on l'a vu dans la première partie, consiste à dire que l'entreprise qui souhaite proposer des produits et des services innovants doit également innover au niveau de son organisation.

2.2.1.7. Résistance au changement

Selon une des enquêtes les plus instructives que STV (Stichting Technologie Vlaanderen) réalise tous les trois ans, à la demande du gouvernement flamand et des partenaires sociaux, « le changement organisationnel permet de mieux utiliser les compétences du personnel (69% des cas) mais **la résistance au changement reste un obstacle important: résistance du personnel (40% des cas) ou des cadres (23%).** Parmi les nouvelles formes d'organisation du travail destinées à favoriser l'innovation et/ou la qualité, le travail en équipe joue un rôle de plus en plus important. »[55]

2.2.2. Le modèle japonais

Jean Marc Gall cite, dans son article « La liberté des salariés, une innovation féconde ? » du 22 mars 2011, Masahiko Aoki qui analyse, dès la fin des années 1980, la spécificité des entreprises japonaises. L'initiative reconnue aux salariés et la décision décentralisée assureraient réactivité et flexibilité.

Paradoxalement les deux premiers auteurs significatifs au Japon, dans les années 60, sont Américains. Il s'agit de Joseph JURAN et d'Edward DEMING qui sont les inventeurs du concept de " qualité totale ". Ne trouvant que peu d'écho dans leur propre pays, encore empreint de taylorisme dans l'immédiat après-guerre, c'est au Japon que ces deux consultants développèrent ces concepts " qualité ".

Leur principale contribution est d'avoir défini une méthodologie permettant d'évaluer financièrement la qualité à partir de l'identification des coûts inévitables et des coûts évitables.

La grande compétitivité des entreprises japonaises serait expliquée par la généralisation des principes suivants : production par petits lots, et même pièce par pièce, pas ou très peu de stock, le contrôle à la source des défauts et des pannes (zéro défaut, zéro contrôle), **l'accent sur la productivité de l'homme au travail par le dialogue et la responsabilisation** (par exemple par des "cercles de qualité"), **l'organisation évolutive des processus** permettant une intégration " en continu " de nouvelles technologies, la flexibilité des systèmes de production, le système SMED (single minute exchange of die = changement d'outillage en moins de 10 minutes).

Le japonais Kenichi OHMAE (ancien directeur du bureau Mac Kinsey de Tokyo) analyse la pensée stratégique japonaise et la distingue de celle pratiquée en Occident dans de nombreux domaines.

Le premier point, selon lui, est que les entreprises japonaises planifient pour réaliser des **profits à long terme**, alors que celles de l'Ouest sont obnubilées par la recherche de bénéfices immédiats. Ceci explique, selon OHMAE, l'avance prise dans le domaine de la "High Tech" qui demande des années de recherches fondamentales non rentables immédiatement.

Un autre point lui semble fondamental. Il estime que les "managers" des firmes occidentales sont enfermés dans des raisonnements purement rationnels, ce qui limite considérablement l'imagination. Il prône le **développement de la perspicacité créative** qu'il définit comme étant " la capacité de combiner, de synthétiser, de remanier des phénomènes sans liens au départ, de telle sorte que l'on obtienne plus de l'ensemble résultant que ce qu'on y a introduit ".

2.2.3. Les organisations F-fort, la liberté des salariés, selon Douglas McGregor

Dans un article publié dans la *California Management Review* (« Liberating Leadership : How the Initiative Freeing Radical Organizational Form Has Been Successfully Adopted », vol.51, n°4, summer 2009), Mc Gregor explique comment des dirigeants ont su transformer radicalement le fonctionnement de leur entreprise. Il appelle « F-form » ces organisations dans lesquelles les salariés disposent d'une grande liberté et de la responsabilité de décider des actions qu'ils considèrent, eux-mêmes, et non leurs responsables, être les meilleures. Ces organisations sont convaincues que l'entreprise hiérarchique n'est plus du tout opérante et ils adhèrent fortement au credo de Mc Gregor selon lequel « l'homme est par nature motivé ». Autrement dit, chaque salarié peut se révéler ambitieux et se motiver, et **il revient aux dirigeants et aux managers de « libérer le leadership » de leurs salariés en construisant un environnement dans lesquels ces derniers se motivent.**

Concrètement, cette entreprise « F-form » privilégie la formation et la qualité des conditions de travail. Parmi les facteurs décisifs analysés, le premier est l'importance de la capacité d'écoute des dirigeants pour créer un rapport de loyauté et d'engagement de la part des salariés. Ensuite la liberté est perçue comme un moteur puissant de la motivation, qui se traduit également par plus de créativité. Cela suppose la disparition de la hiérarchie pyramidale et du contrôle, des symboles de privilèges, des horaires imposés, etc.

2.2.4. Les entreprises apprenantes : un écosystème d'évolution et de progrès

Face à la concurrence grandissante et à un marché économique de plus en plus complexe, un certain nombre d'entreprises ont décidé de rendre leur organisation « apprenante ».

L'organisation axée sur l'apprentissage est construite comme un système écologique qui stimule l'apprentissage continu à travers le travail. Il s'agit d'une démarche d'évolution vers un objectif de progrès avec **une part laissée à l'incertitude tant sur les contours de l'objectif que sur le chemin à suivre pour l'atteindre.**

Les salariés sont ainsi invités **à observer ensemble leur propre fonctionnement**, à en tirer les enseignements qui leur permettront de progresser, à réfléchir en commun à des solutions, à **créer des idées nouvelles** et, enfin, à **tester leur validité par des expérimentations** avant une mise en œuvre généralisée. Il s'agit de la **réflexivité** que prône Norbert Alter et qui sera abordée à la fin de cette seconde partie. Tout ceci avec pour objectif de, simultanément, développer les compétences des collaborateurs et d'accroître la compétitivité, la rentabilité et la croissance de l'entreprise. On verra dans la troisième partie que **ces principes ressemblent fortement à ceux que prône la méthodologie du design de service.**

Les « entreprises apprenantes » sont donc fondées sur une plus grande autonomie dans le travail (les salariés organisent eux-mêmes leur planning quotidien), un contrôle moins serré de la hiérarchie (celle-ci veille moins au déroulement du travail qu'à l'atteinte des résultats), des contraintes temporelles plus lâches (pas de production en flux tendu), ainsi que sur une communication intense entre salariés. Les salariés doivent se sentir suffisamment en confiance, en sécurité, libres et motivés.

Ce type d'organisation se retrouve plus fréquemment dans le secteur tertiaire ou dans les industries les plus inventives en recherche et développement.

2.2.5. L'expérience atypique ROWE, pour des résultats optimisés

Cali Ressler et Jody Thompson, deux responsables des ressources humaines chez Best Buy ont convaincu leur PDG qu'il serait opportun d'expérimenter une approche révolutionnaire de l'organisation du travail. Elles ont publié un livre sur leurs expériences « Pourquoi le travail nous emmerde ? » qui est sorti le 9 juin 2011 aux éditions Maxima et elles dirigent maintenant leur propre cabinet de consultants.

Leur expérimentation part d'un constat: nos croyances à propos de l'organisation du travail telle qu'elle est généralement envisagée dans les pays occidentaux, environ 38 heures par semaine, du lundi au vendredi, de 9h à 18h, sont dépassées. Chaque jour, on se rend sur son lieu de travail pour gaspiller son temps et celui de l'entreprise, dans des organisations dépassées qui ne correspondent plus à notre économie moderne et globalisée. On est traité au travail comme des enfants que l'on gronde lorsqu'ils ont fait une bêtise. On assiste à des réunions qui ne servent à rien. On voit des personnes compétentes et productives, parfois même brillantes, être pénalisées parce qu'elles ne rentrent pas dans le moule de l'entreprise. On est entré dans l'ère du multimédia et de l'information instantanée mais la nature même de l'organisation du travail n'a pas changé depuis l'ère industrielle. Mais, pire encore, et c'est l'élément tragique dans cette histoire, **nous jouons tous le jeu alors que nous savons qu'il a de moins en moins de sens.**

La solution pour sortir de cette impasse serait de modifier complètement les règles du jeu et de créer un Nouvel Environnement de Travail Pour des Résultats Optimisés (NETPRO).

En 2003, Best Buy faisait face à des problèmes lourds qui menaçaient sa survie à terme. Un roulement du personnel important, des gens démotivés, et des burn-outs. Alors ils expérimentent une nouvelle organisation du travail dans un département particulièrement en difficulté. Toute référence au temps de travail est abandonnée. Le principe de base est que **la seule chose qui compte, ce sont les résultats.** Les salariés ont une **très grande autonomie** et peuvent cesser toute activité qui constituerait un gaspillage de temps pour eux, pour leur client ou pour la société, ils sont libres de travailler comme ils le souhaitent, toute réunion est facultative et il n'y a pas d'horaires de travail.

S'il est difficile d'évaluer le succès d'une expérience si atypique et récente, les résultats seraient, d'après les auteurs, très encourageants. La méthode essaimerait. Les sceptiques seraient peu à peu convaincus. Trois ans plus tard, le roulement du personnel aurait été réduit de 90%, la productivité aurait augmenté de 35% et les niveaux de satisfaction au travail seraient particulièrement élevés. Et aujourd'hui d'autres entreprises comme Gap appliqueraient la méthode.

Cette démarche témoigne d'une **évolution profonde du rapport des individus au travail et des modes d'organisation**. Le temps est de moins en moins l'unité de mesure du travail.

Les avantages de cette nouvelle méthode d'organisation du travail sont les heures de travail flexibles, la satisfaction élevée des employés, l'épanouissement de la vie privée et professionnelle et enfin l'accent mis sur des résultats nets et quantifiés.

Les inconvénients restent cependant notables. La mesure de la productivité est plus difficile pour certains postes (frais généraux, administration, etc.), le management peut être difficile à conduire, ce système ne convient pas aux personnes qui ont des difficultés à travailler dans un environnement non normé et, au-delà, cette méthode peut être destructrice pour des individus insuffisamment autonomes, qui ne parviendraient pas à se responsabiliser et qui risqueraient vite de dériver vers une sorte de « clochardisation » professionnelle.

2.2.6. L'émergence de systèmes d'échanges et de partages

Enfin, Stéphane Gauthier fait remarquer que de nouvelles manières de consommer émergent et de nombreuses structures se créent actuellement en réaction au modèle traditionnel, notamment sur internet.

À titre d'exemple, la SNCF a modifié depuis quelques années sa politique tarifaire pour prendre le modèle de l'aérien qui est « plus on réserve tôt, moins le prix du billet est cher ». Cela a été un vrai succès commercial. La contre-partie pour l'usager est qu'une grande partie des billets est devenue non échangeable et non remboursable. Il s'est alors créé en parallèle un marché d'échange de billets. La SNCF a été scandalisée, mais il s'agissait tout simplement d'une réponse intelligente et légale de l'humain pour l'humain face à une rigidité imposée par la SNCF.

Un autre exemple est AIRBNB, créé il y a deux ans et maintenant valorisé un milliard d'euros. Le principe est de proposer aux internautes de réserver leur nuit chez un particulier. Il est intéressant de noter que ce site a été créé par un designer. En plus d'être très pratique, cette offre semble « authentique ». La réservation et le paiement se font en ligne parce que le designer créateur s'est rendu compte en allant visiter ses premiers hôtes et invités que ces derniers n'appréciaient pas de régler leur hôte en liquide parce que la manipulation d'argent gâchait fortement le caractère « authentique » de l'hébergement.

Ces services que François Jegou, designer, qualifie de «collaborative services» émergent **grâce aux nouvelles technologies** et **en réponse à une économie en crise**, C'est aussi **une réponse au besoin de re-humaniser notre société** et en prenant appui sur la résurgence des communautés.

2.2.7. Conclusion : la réconciliation de l'économique et du social ?

Une telle réconciliation du profit et des considérations humaines peut paraître idyllique. Ces expériences atypiques s'inscrivent cependant et réellement dans une réflexion de crise et, à ce titre, elles nourrissent le débat sur l'organisation de l'entreprise, ses pratiques de management et l'engagement des salariés.

2.3. Les enjeux de l'innovation organisationnelle selon Norbert Alter

2.3.1. Clarification de concepts : l'invention versus l'innovation

Norbert Alter, sociologue et professeur des Université à Paris-Dauphine a publié un ouvrage intitulé « L'innovation ordinaire » qui a reçu le prix du livre Ressources Humaines en 2001. Il insiste tout d'abord sur la nécessité de distinguer l'innovation de l'invention. D'après lui, « il apparaît clairement une différence de fond entre ces deux concepts. Le premier a pour but de traiter une question de manière abstraite, indépendamment de son contexte économique et social. Le second représente le processus par lequel un corps social s'empare ou ne s'empare pas de l'invention en question. »[56]

C'est donc un milieu social dans son ensemble qui est concerné par l'innovation et non pas seulement quelques consultants ou décisionnaires et, au-delà, **les inventions doivent venir du corps social concerné pour qu'elles puissent être transformées en innovation**.

Norbert Alter prend les exemples du télétravail et du management participatif de Friedmann (1956) qui identifiaient les bases et les raisons du développement d'organisations non strictement tayloriennes dès l'après-guerre. Il s'agit de bonnes inventions mais qui peinent ou tardent à être transformées en innovation. Elles sont insuffisamment adoptées parce que les salariés n'y voient pas assez d'intérêts ou parce que la solution en elle-même n'est pas perçue comme assez satisfaisante (télétravail), en encore parce qu'ils disposent finalement d'une capacité professionnelle leur permettant de participer « au quotidien » au bon fonctionnement de l'entreprise. Ce fonctionnement s'opère selon des procédures autonomes, d'arrangements locaux, d'ententes implicites, de transgression de règles de division du travail qui assurent la régulation des activités tout autant que la participation formalisée qui est proposée par l'entreprise.

Et c'est précisément à ce point que Norbert Alter va s'intéresser : **l'innovation ordinaire est l'innovation qui vient de la base et qui est constituée de cet amalgame de petits arrangements implicites qui fluidifient les tâches et facilitent le fonctionnement de l'entreprise dans sa globalité.**

Aujourd'hui, Stéphane Vincent, fondateur de la 27ème région en 2008, première agence d'innovation publique (par le design) qui permet aux Régions de préparer l'avenir et de changer leurs méthodes d'action, partage la même vision : l'innovation à partir de la base a plus de chance d'être pertinente et appropriée. Les nombreuses expériences réalisées à partir du design participatif, et le succès qu'elles remportent, semblent lui donner raison. Je développerai plus en détail la méthodologie de la 27ème région dans la partie consacrée à l'innovation par le design.

2.3.2. Les limites des inventions hiérarchiques

Selon Norbert Alter, les décisions en matière d'organisation des entreprises sont donc généralement des inventions et non pas des innovations. Les décisions des entreprises sont habituellement le résultat d'élaborations économiquement fondées. Elles proviennent de la direction, elle-même généralement considérée comme le cœur de la rationalité entrepreneuriale qui est censée définir et contrôler les moyens et les objectifs définis dans le cadre de contraintes d'efficience (atteindre les objectifs fixés au moindre coût).

Les décisions se veulent donc adaptées aux contraintes économiques de l'entreprise et, par logique de causes à effets, elles produisent de nouvelles règles qui s'imposent aux salariés, lesquels s'adaptent plus ou moins bien à ces changements.

Nobert Alter critique de manière virulente ce type de décisions pour différentes raisons. Tout d'abord pour une raison très simple : lorsqu'un décideur met en place une nouvelle organisation ou pratique, il ne peut connaître à l'avance le résultat de son action. « Il faut donc de la naïveté ou de la foi, autant que de bonnes raisons gestionnaires, pour s'engager dans ce type d'action »[57].

De manière tout aussi provocatrice, Norbert Alter affirme que la direction de l'entreprise est amenée à prendre de très nombreuses décisions qui, de surcroît, reposent rarement sur l'élaboration patiente et raisonnée de scénarios alternatifs, et ceci pour trois raisons :

1. Les décisions à prendre, en raison de la complexité du fonctionnement de l'entreprise, seraient souvent contradictoires.
2. Elles sont par ailleurs très fréquemment prises en situation d'urgence, compte tenu du principe très généralisé de réactivité, que ce soit à un problème ou à une opportunité.
3. Enfin, ces décisions se fondent sur une connaissance plutôt approximative de la nature des problèmes posés puisque ceux-ci sont très complexes et mouvants.

Norbert Alter va même jusqu'à faire état du « caractère peu rationnel, et souvent largement déraisonnable des inventions en matière d'organisation »[58].

La vision de Norbert Alter est dramatique et mérite d'être nuancée. Elle a cependant le mérite de nous faire réagir et de nous faire prendre du recul par rapport aux statuts des innovateurs. « L'idée généralement admise est que les innovateurs sont les décideurs, les dirigeants des grandes entreprises ; en quelque sorte, ils décréteraient l'innovation et le corps social s'adapterait, plus ou moins bien, à cette décision ; ceci est très rarement observable ; s'il existe un réel processus d'innovation, le processus en question est largement habité par des acteurs qui ne sont pas les décideurs. »[59]

2.3.3. Le décalage entre le travail « prescrit » et le travail « réel »

La plupart des observateurs du monde du travail, qu'ils soient sociologues, psychologues, ergonomes ou économistes, reconnaissent l'existence d'un décalage entre ce qu'il est convenu de nommer le travail « prescrit » et le travail « réel ».

Norbert Alter définit le travail prescrit comme étant celui qui « correspond aux activités, procédures et objectifs tels qu'ils sont formalisés dans les définitions de postes et les règles de travail, dans tous les documents issus des services de l'organisation de l'entreprise »[60]. La prescription du travail représente ainsi, dans les grandes entreprises, des volumes considérables de documents explicitant la manière dont chaque opérateur doit s'acquitter de sa tâche. Des services entiers sont mobilisés à cette production.

Le travail réel représente quant à lui l'activité réellement mise en œuvre par les salariés pour réaliser leurs tâches, et cette activité est bien différente de celle qui est prescrite. Elle se traduit par l'élaboration de savoir-faire techniques, par la mise en œuvre de réseaux de relations, par l'interprétation de la prescription, par la prise de risques, ou tout simplement par une multitude de petites initiatives. Toutes ces actions permettent la réalisation d'un travail réel qui est généralement supérieur en terme quantitatif et qualitatif à ce que permettrait l'application du travail prescrit.

Norbert Alter affirme que le monde de la recherche est à peu près unanime pour dire qu' « **il existe donc une part d'auto-organisation, d'organisation informelle, de régulations plus ou**

moins clandestines qui permettent de faire mieux son travail qu'en appliquant les règles de prescription ».

Dans ce cas, on peut légitimement se demander : au regard de ce qu'ils ont à y gagner en termes de coûts, d'efficacité et donc de performance économique, **les dirigeants tirent-ils suffisamment profit de cette précieuse organisation ?**

Norbert Alter donne trois pistes de réponse.

1. La première et la moins plausible serait l'ambition totalitaire de la direction qui chercherait à tout contrôler.
2. La seconde serait une conséquence de l'application « à l'aveugle » des règles tayloriennes de la division du travail.
3. La troisième hypothèse, et certainement la plus constructive, serait que « les dirigeants d'entreprise ne se sont pas encore rendu compte qu'ils disposaient de cette fabuleuse ressource. **Les entreprises ne savent pas utiliser les ressources humaines parce qu'elles ne les ont pas identifiées** ; les entreprises transformeront leurs pratiques quand elles les auront identifiées »[61].

Ce qui est d'autant plus regrettable est que «ces connaissances ont fait l'objet d'innombrables informations et publications destinées aux entreprises. Sur ce thème, il existe à l'évidence une imperméabilité entre les activités des chercheurs en sciences humaines et le management ». [62]

Des agences de l'État, par exemple l'ANACT (Association pour l'amélioration des conditions de travail) ou l'ANVIE (Association nationale pour la valorisation de l'innovation en entreprise), ou des dispositifs associant contractuellement le monde de la recherche et celui de l'entreprise, les conventions CIFRE (Conventions industrielles pour la recherche) participent directement à ce rapprochement entre les pratiques de management et les recherches en sciences humaines et sociales mais les décisions, en matière d'organisation, continuent trop souvent à être prescrites par le haut.

Les entreprises se retrouvent donc souvent dans une situation bien paradoxale : elles consacrent beaucoup de temps et d'énergie à solliciter des comportements dirigés, jugés efficaces par la direction, de la part de leurs salariés alors que des comportements d'ores et déjà efficaces sont mis en œuvre par ces mêmes salariés. D'après Nobert Alter, « **la solution la plus simple et la moins coûteuse serait de concevoir une politique d'organisation en partant des pratiques efficaces élaborées au quotidien** »[63].

La difficulté est que l'innovation repose sur des normes qui, en matière de management des organisations, sont encore et malheureusement très prégnantes :

- Un décideur doit décider. C'est son rôle d'arbitrer entre différentes alternatives, et de faire preuve d'un certain courage.

- Les bonnes idées (donc efficaces) ne peuvent être que le fait des directions.

- Selon les psychologues Paicheler et Moscovici, « les individus se conforment aux normes, non parce qu'ils sont convaincus de la justesse des positions d'autrui, mais parce qu'ils ne veulent pas se démarquer, paraître différents de leurs semblables » (1984/1990, p.142).

On l'aura compris, ces inventions organisationnelles ne représentent finalement que le début d'un processus qui n'a finalement que peu d'importance parce qu'il lui manque l'adhésion du corps social, son appropriation, pour lui donner sens et donc utilité.

Il conviendrait par conséquent d'observer de manière plus approfondie les arrangements déjà existants, les rapports sociaux établis, la manière dont les tâches sont effectuées réellement avant de formuler la question à laquelle il faudra répondre de manière pertinente.

2.3.4. L'absence d'appropriation : l'absence de sens

Puisque l'invention est le résultat d'une décision « push », elle pose souvent la question de son sens. Elle est même parfois considérée comme absurde.

On l'a vu, le passage de l'invention à l'innovation est complexe. **Ce n'est que progressivement que les acteurs se mobilisent, lorsqu'ils parviennent à apporter un sens à l'invention initiale**. La transformation entre invention et innovation ne peut se faire que si les directions acceptent progressivement et avec souplesse des dérogations et des projets alternatifs à leurs décisions initiales, dans la mesure où les résultats s'inscrivent globalement dans les objectifs visés. C'est dans ce type d'espace que peut se construire l'appropriation de l'innovation par les salariés. Cette appropriation représente la création d'un sens.

Cependant, les dirigeants d'entreprises peuvent avoir des difficultés à lâcher prise, à avoir confiance en la mobilisation spontanée des opérateurs, à entrevoir les vertus d'un certain laisser-faire et imaginer pouvoir élaborer la politique commerciale, par exemple, à partir des pratiques.

On peut peut-être y voir le fait que les disciplines de sciences humaines ne sont pas assez représentées au sein même des entreprises, qui gagneraient certainement à recruter davantage de responsables à doubles compétences pour aller au-delà des normes du management traditionnel et mieux appréhender la nature humaine, son fonctionnement et son impact en terme de besoin de sens, d'autonomie, de travail et d'efficacité.

2.3.5. Les dyschronies

Les dysfonctions sont souvent liées au fait qu'elles ne participent pas de la même temporalité : ce qui créé le problème est que les différents éléments du système n'évoluent ni au même rythme, ni selon les mêmes logiques d'apprentissage.

Les analystes du changement ou de l'innovation laissent trop souvent de côté la question des conflits de temporalité que représentent les dyschronies. Ainsi, les uns vont s'intéresser au changement de technologie, d'autres au changement dans les méthodes de gestion, etc. Chacun va traiter sa question de manière indépendante en ignorant que la question de fond est celle de la juxtaposition, de l'interdépendance et du caractère continu de ces changements.

2.3.6. Les inventions dogmatiques

Une invention qui ne se transforme pas en innovation, qui ne fait donc l'objet d'aucune appropriation de la part des acteurs, n'habite pas durablement le corps social dans lequel elle s'inscrit. Elle n'est qu'un essai, une passade ou une mode. Elle est abandonnée parce qu'elle ne parvient pas à devenir une pratique légitime.

Mais une invention peut également être introduite et maintenue de force dans les pratiques sociales. Dans ce cas, tout en demeurant à l'état d'invention, elle participe au mouvement d'ensemble comme un nouveau dogme peut le faire au plan de la société globale : par la contrainte. Cette invention devient alors dogmatique : elle impose de manière autoritaire et normative les croyances des puissants ; elle interdit les pratiques sociales qui s'en écartent. Elle **détruit des formes de sociabilité sans en créer de nouvelles.**

Mais d'après Norbert Alter, cette situation est heureusement relativement plus rare qu'il n'y paraît à première vue, le fonctionnement d'une entreprise obéissant généralement à une logique collective.

2.4. Décryptage de l'innovation organisationnelle efficace selon Norbert Alter

2.4.1. L'innovation organisationnelle: un mouvement permanent

Les entreprises et les institutions innovent en permanence pour faire face à un changement devenu permanent, et ceci à tel point que « la problématique de l'innovation a remplacé celle de l'organisation : ce qui caractérise l'activité professionnelle est dorénavant bien plus la capacité à trouver des solutions novatrices à une multitude de problèmes qu'à appliquer des règles, textes ou modes opératoires, qui ne traitent pas ces problèmes. »[64]

« L'innovation n'est pas un moment, un accident ou une activité spéciale, celle des chercheurs et des entrepreneurs, mais un mouvement permanent qui mobilise l'ensemble des acteurs. »[65]

Il est donc nécessaire de reconnaître cette innovation inéluctablement continue et de trouver un modèle d'organisation la fluidifiant.

On peut s'appuyer sur le modèle de gestion du changement de Kotter, Professeur à la *Harvard Business School* et autorité sur le leadership et le changement, pour essayer de fluidifier cette dynamique incessante du changement. Il s'agit de créer chez les salariés un état d'esprit orienté vers l'avenir et s'efforcer de les responsabiliser, par exemple en les faisant participer à la conception de projets futurs. Il convient de communiquer de manière constante et effective afin que les salariés s'approprient les projets envisagés. Il est également nécessaire de générer rapidement de petits changements à forte valeur ajoutée (ce qu'on appelle des « quick wins ») afin de garder cette dynamique et d'ancrer cette culture d'amélioration permanente dans l'entreprise. On verra dans la partie suivante que la méthodologie du design devrait permettre de répondre à ces enjeux.

2.4.2. L'innovation organisationnelle : une activité collective et de transgression

On l'a vu, Norbert Alter défend la thèse que toute innovation doit partir de la base et faire l'objet d'une appropriation. L'innovation représente ainsi une activité collective.

Dans le domaine de la vie des entreprises, l'innovation butte toujours sur l'ordre organisationnel, avant de le transformer. Elle est toujours, dans un premier temps, une transgression des règles établies, parce qu'elle représente une atteinte à l'ordre social. « L'innovation ne peut pas faire l'objet d'une obligation réglementaire puisqu'elle consiste à transgresser des règles, normes ou coutumes avant d'établir un autre ordre social. L'innovation, de ce point de vue, s'oppose à l'organisation, à la rationalisation du travail. Le traitement de ce paradoxe passe par la réalisation d'une activité collective, quotidienne et banale, qui consiste à intégrer, au jour le jour, des capacités d'innovation. »[66]

Par conséquent, « la mise en œuvre d'une nouveauté passe toujours par l'action de pionniers, de francs-tireurs, voire de marginaux. Ils détruisent les conventions établies. Mais ils sont aussi des créateurs : ils s'attachent à construire de nouvelles conventions. »[67]

2.4.3. Comment une minorité parvient-elle à modifier l'ordre que respecte une majorité ?

Tout d'abord, le groupe innovateur doit être consistant. L'opinion minoritaire est toujours suspecte, on la considère davantage comme une volonté d'influence que comme celle qui consiste à voir les choses telles qu'elles sont.

« Pour qu'une minorité soit considérée comme une source potentielle d'influence, il faut qu'elle dispose d'un point de vue cohérent, bien défini, qui soit en désaccord avec la norme dominante de façon modérée ou extrême (...) Ces traits distinctifs sont nécessaires à la minorité si elle veut devenir une source active d'influence. Ils ne sont pourtant pas suffisants. (...) Il lui faut encore être socialement reconnue, avec ses qualités spécifiques. Elle doit donc être motivée à obtenir, préserver ou même accroître sa visibilité et faire reconnaître son existence par la majorité. Elle ne doit négliger aucun effort pour se faire remarquer, identifier, écouter » (1984/1990, p.58).[68]

La transgression peut même être organisée et institutionnalisée, et donc normalisée, comme c'est le cas chez Toyota, où les salariés ont la mission et, au-delà, la responsabilité d'arrêter la chaîne de production en cas de problème de qualité, ceci afin d'éviter la production d'éléments défectueux.

2.4.4. La logique de l'innovation organisationnelle

L'innovation repose sur cinq dimensions principales :

1. Elle se construit initialement sur l'ambiguïté, le vide ou le caractère paradoxal des décisions prises par la direction de l'entreprise pour transformer une situation.

2. Elle n'est pas portée par des « spécialistes du changement » mais par les acteurs de cette nouvelle donne.
3. Elle s'appuie sur un réseau d'alliés qui partagent, au moins momentanément, la logique défendue par les acteurs de l'innovation.
4. Elle dispose de règles de fonctionnement internes au groupe lui permettant de jouer successivement le registre de la publicité ou de la clandestinité.
5. Elle ne négocie donc pas. Elle accomplit ce qui lui semble devoir être fait et tente de légitimer cette action après coup.

Mais l'innovation ne se déroule cependant pas selon un processus indépendant de l'ordre établi de l'organisation. Norbert Alter explique comment l'innovation et l'organisation sont complémentaires mais antagonistes. L'innovation tire parti des incertitudes : elle se loge dans les espaces mal définis, méconnus ou tumultueux des entreprises : elle ne se programme et ne se décrète pas. L'organisation a au contraire pour but de réduire l'incertitude du fonctionnement des entreprises, de programmer, de planifier et de standardiser. Et c'est bien la rencontre entre ces deux logiques qui donne sens à l'invention initiale. Elle la rend intelligible et l'inscrit dans une perspective cohérente du point de vue de l'expérience et des contraintes des acteurs. Le sens n'est ainsi pas donné, décidé, mais il représente une action collective.

2.4.5. L'institutionnalisation de l'innovation organisationnelle

L'intervention effective des directions consiste à institutionnaliser la rencontre entre organisation et innovation qui vient d'être décrite.

Les directions ne décrètent pas l'innovation mais elles intègrent, par arbitrage, les pratiques innovatrices dans des règles d'organisation. Ce processus d'innovation se fait donc en trois temps :

1. l'invention d'un nouveau dispositif, qui est de fait, « incitatif »,
2. le laisser-faire, qui correspond à l' « appropriation »,
3. et l'institutionnalisation qui se fait par arbitrage.

Les directions transforment donc certaines pratiques innovatrices en normes, qui deviennent obligatoires.

Cependant, selon Norbert Alter, l'institutionnalisation ne peut pas être considérée comme une rationalisation taylorienne du travail, et ceci pour trois raisons :

1. Il s'agit d'une action collective ou participative
2. Elle définit des règles de travail à partir des pratiques sociales, et non pas par rapport à une conception scientifique.
   « Plus fondamentalement, l'institutionnalisation consiste à tirer parti des pratiques et à les inscrire dans une forme générale, alors que la rationalisation consiste à définir les comportements à venir, indépendamment de l'expérience des acteurs. »[69]
3. L'institutionnalisation a en commun avec la rationalisation de réduire les incertitudes du processus de travail. Elle a pour objectif d'assurer un équilibre entre les deux parties : les tenants de la règle et ceux de l'innovation. Elle ne fait donc que transformer en loi des

pratiques qui étaient de l'ordre de l'informel. Elle correspond ainsi à un **apprentissage collectif**.

La difficulté dans l'institutionnalisation d'une innovation réside dans le fait que la logique de l'innovation, qui suppose d'accepter de vivre l'incertitude des moyens et des fins, s'oppose fortement à la logique de l'organisation, qui se donne quant à elle comme objectif de parvenir à éradiquer l'incertitude, en prévoyant, en programmant, en standardisant, en contrôlant.

2.4.6. L'innovation organisationnelle: le résultat de la réflexivité

« Selon Norbert Alter, l'innovation n'est ni un effet direct des pratiques sociales, ni une construction sociale immédiate : elle est le résultat de la « réflexivité ».[70] Les corrections que les entreprises veulent apporter supposent la réflexivité, c'est-à-dire l'introspection, la réflexion sur leur fonctionnement, sur leurs activités, qui consiste à comprendre les raisons pour lesquelles les objectifs sont plus ou moins atteints, mais au-delà, comprendre les effets inattendus, qu'ils soient positifs ou pervers..

Cette réflexivité, dont l'utilité s'avère évidente, est dans les faits très difficile à mener en entreprise. La pratique correspond en effet à un enchevêtrement contradictoire de raisons que les experts se donnent pour agir « rationnellement ». « Et la somme de ces rationalités ne débouche pas systématiquement sur une capacité à réfléchir de manière à la fois univoque et objective des pratiques. La capacité globale de réflexion est donc faible.»[71]

Norbert Alter présente les différentes manières d'augmenter la productivité d'une entreprise pour argumenter le fait que chacun des trois critères communément utilisés pour définir la logique économique de l'entreprise (performance, efficience et efficacité) est équivoque. Il existe en effet toujours, pour chacun d'entre eux, plusieurs bonnes manières de traiter les contraintes qu'ils représentent, et « plus encore, chacun de ces trois critères peut parfaitement rentrer en contradiction avec l'autre, et c'est même le lot quotidien des situations de gestion. »[72]

Ce n'est donc pas la rationalité économique qui peut gouverner à elle seule les décisions de l'entreprise. La manière dont on y réfléchit, ainsi que les choix à faire, sont trop ambigus. Les instruments de gestion produisent donc une sorte de prisme par rapport à la réalité censée être reflétée. Ces raccourcis présentent l'avantage de réduire le temps consacré aux décisions et de pouvoir se comparer entre pairs mais « **la réflexion des résultats par l'intermédiaire d'outils de mesure ne lui permet pas de se mettre à la distance nécessaire à l'évaluation et à la compréhension des pratiques organisationnelles, professionnelles ou managériales, à la distance heuristique.** »[73]

Ce qui permet la création de cette distance nécessaire, et l'intégration de nouvelles pratiques dans de nouvelles formes, « **c'est la réflexivité**, ce retour réflexif sur les pratiques permettant la **remise en cause des représentations établies.** Cette activité est **collective.** Elle repose sur la capacité **à définir ensemble un sens à l'apprentissage.** »

2.4.7. L'innovation organisationnelle : lien entre réflexivité et apprentissage

« Ce qui caractérise les hommes (et les distingue des objets), ce n'est pas de participer à un système organisé ou de le transformer, mais de mettre en œuvre une capacité de réflexion sur leurs pratiques et de modifier leurs comportements à l'issue de cette élaboration ». [74]

Cela n'est pas sans rappeler l'organisation des entreprises apprenantes mais les processus d'apprentissage permettant la réflexivité n'ont rien de mécanique. Les acteurs qui les portent doivent reconnaître l'utilité de cette réflexivité, sa légitimité ; et cette reconnaissance ne va jamais de soi. L'oubli ou le désintérêt peuvent, pour toutes sortes de raisons, parfaitement l'emporter sur l'apprentissage.

2.5. L'innovation au niveau de l'organisation et des pratiques de management : conclusion

Le développement d'un processus d'innovation en organisation repose sur 3 dimensions :
1. l'existence d'une capacité critique ;
2. la capacité, pour le management, à tenir compte de cette critique ;
3. l'existence d'acteurs suffisamment consistants pour assurer cette conversion.

Le processus sur lequel repose une innovation ne peut ainsi jamais être décrété. Il se développe largement par l'intermédiaire de petits innovateurs, proches du terrain, à la fois déviants et sensibles aux questions d'efficacité.

Le développement d'une innovation ne repose pas sur la qualité intrinsèque des inventions mais sur la capacité collective des acteurs à leur donner sens et usage. Le sens et l'usage sont élaborés par les opérateurs, alors que les directions disposent d'une capacité d'intégration des innovations dans le système de production d'ensemble.

Par ailleurs et « classiquement, la sociologie de l'innovation appliquée au monde des entreprises s'intéresse surtout aux activités de R&D. L'analyse des processus d'innovation y est ainsi réduite aux activités qui sont formellement censées la produire. Généralement, ces recherches prennent au pied de la lettre l'idée selon laquelle l'innovation est une affaire spécialisée, celle qui unit les services de recherche, ceux du marketing, des clients et des acteurs adjacents, mais jamais les opérateurs. Dans une perspective historique, ces approches sont centrales pour comprendre le développement industriel, mais posent problème : **les processus d'innovation ne peuvent, dans leur ensemble, être compris sans ouvrir le spectre de l'analyse aux acteurs du quotidien.** »[75]
Smith l'avait compris dès le début du XVIIIe siècle :

> « Une grande partie des machines employées dans ces manufactures où le travail est le plus subdivisé ont été originellement inventées par de simples ouvriers qui, naturellement, appliquaient toutes leurs pensées à trouver les moyens les plus courts et les plus aisés de remplir la tâche particulière qui faisait leur seule occupation. Dans les premières machines à feu, il y avait un petit garçon continuellement occupé à

ouvrir et fermer alternativement la communication entre la chaudière et le cylindre, suivant que le piston montait ou descendait. L'un des petits garçons, qui avait envie de jouer avec ses camarades, observa qu'en mettant un cordon au manche de la soupape qui ouvrait cette communication, et en attachant ce cordon à une autre partie de la machine, cette soupape s'ouvrirait et se fermerait sans lui, et qu'il aurait la liberté de jouer tout à son aise. Ainsi, **une des découvertes qui a le plus contribué à perfectionner ces sortes de machines depuis leur invention, est due à un enfant qui ne cherchait qu'à s'épargner de la peine.** »(1176, p77).

J'ai présenté dans une première partie ce qu'est réellement le design, au-delà de la connaissance généralement et malheureusement trop limitée qui consiste à croire que c'est juste un certain style de décoration. J'explique également que la mission historique et utopique du design consiste à améliorer la vie. Enfin et parce qu'il n'existe pas de définition unanime, je propose ma propre définition : le design serait une démarche de conception réflexive, de recherche de solutions, qui a la caractéristique de partir de l'humain pour répondre à des besoins humains et qui recherche l'harmonie, ce qui se traduit par l'esthétisme lorsqu'on l'applique à des objets matériels mais qui n'exclut pas les choses immatérielles.

J'ai également dressé un état des lieux approfondi des difficultés que rencontrent actuellement les entreprises, en les classant en deux grandes catégories: les problématiques liées à son fonctionnement et celles découlant des évolutions sociétales. Ces deux thématiques sont bien sûr entremêlées et ce classement a pour seul objectif de mieux les appréhender et de faire émerger ce qui est du ressort de l'entreprise, à savoir repenser la place de l'humain au sein de son organisation.

Je viens dans cette partie d'expliciter ce qu'était l'innovation organisationnelle traditionnelle afin d'en analyser les atouts et les enjeux. On constate que de nombreuses formes d'organisation valorisant la place de l'humain émergent, la plus extrême étant actuellement l'expérimentation ROWE qui donne une part d'autonomie et de liberté aux salariés jamais égalée. Je viens également de présenter ce que Norbert Alter considère être les ingrédients nécessaires à une innovation organisationnelle réussie. Il est intéressant de noter que ces ingrédients sont eux aussi fortement empreints de cette dimension humaine : la participation des salariés, et particulièrement ceux à la base de la pyramide, la nécessité d'avoir des individus autonomes, qui pratiquent la réflexivité, et qui doivent être en mesure de s'approprier et donner sens à toute innovation.

Enfin, dans la dernière partie, je vais approfondir les nombreux atouts méthodologiques du design. Et nous verrons qu'ils font écho, de manière assez étonnante, aux ingrédients nécessaires à une innovation organisationnelle réussie. Puis, grâce à la première conférence sur le design de service en France, des 24 et 25 juin 2011 à laquelle j'ai pu assister, je présenterai la méthodologie très pragmatique d'un nouveau champ d'application du design : le design de service.

III. Proposition d'une nouvelle voie expérimentale : la réinvention de l'organisation et des pratiques de management par le design

Les designers travaillent traditionnellement pour les consommateurs ou les utilisateurs. Ils conçoivent des solutions, c'est-à-dire des produits, des services ou des expériences qui répondent à leurs besoins, leur facilitent la vie voire même la réenchantent. **Pourquoi les designers ne pourraient-ils pas également concevoir des solutions pour un autre type de population, à savoir les salariés ?**

L'organisation organise des activités, qui elles-mêmes impliquent des usages. Le designer a la capacité d'analyser comment les liens entre usagers dysfonctionnent et comment les activités pourraient être organisées de manière plus pertinente.

Il est très important ici de préciser que je n'ai nullement la prétention de présenter une « solution miracle ». J'ai simplement le souhait de partager ma réflexion de transposition d'une méthodologie de conception à un nouveau champ d'application. Il s'agit de proposer aux entreprises d'expérimenter avec elles une approche qui me semble présenter un certain nombre d'atouts en termes de méthodologie, mais aussi en terme de portée idéologique (amélioration du monde par un recentrage sur l'humain), qui répondent parfaitement aux enjeux actuels de la société, et de manière plus ciblée, des entreprises. L'idée n'est pas de chercher à imposer de manière dogmatique un nouveau principe d'organisation, on a vu que ça ne fonctionnait pas, mais de tester les principes du design. Le premier que je poserai comme fondement de ma démarche est le processus itératif, c'est-à-dire le fait d'expérimenter des solutions, avec le droit à l'erreur, pour apprendre de ce qui ne fonctionne pas autant de ce qui fonctionne. « Fail fast to succeed faster » comme disent de nombreux designers.

Il faut également garder à l'esprit que, comme pour tout type de modification de fonctionnement, des jeux de pouvoirs vont inévitablement se mettre en place, avec des opposants, des alliés et des indifférents. Et **je pense que les recommandations de Norbert Alter ainsi que le côté délibérément intégratif de ma démarche pourraient permettre de minimiser ces vecteurs de résistances.** L'idée sous jacente est de parvenir à une représentation de la légitimité de la démarche qui soit la plus partagée possible. Et une fois encore, les outils du design tels que l'observation, la co-conception et prototypage peuvent nous y aider. Nous allons maintenant voir plus en détail quels sont ces atouts dont disposent les designers.

3.1. Les caractéristiques de la méthodologie design : des atouts transférables

3.1.1. L'indéfinition du design

Ce qui est souvent perçu comme un inconvénient, l'indéfinition du design, présente aussi un avantage non négligeable : ce n'est pas une discipline imposée, chaque designer développe sa pratique et son champ d'intervention en fonction de sa personnalité, de ses intérêts et de son fonctionnement. Chaque designer développe donc une spécialisation et une valeur ajoutée très personnelle.

Les designers qui nous intéressent, dans le cadre de cette réflexion sur la réinvention de l'organisation et des pratiques de management, sont ceux, peut-être rares, qui ont un intérêt pour le monde de l'entreprise.

3.1.2. La redéfinition de la question de départ ou à la recherche de la pertinence

Les designers considèrent souvent que les méthodes traditionnelles de résolution de problème ont parfois trop tendance à aller directement aux solutions, sans avoir toujours pris suffisamment le temps de vérifier la pertinence de la question d'origine. Le premier travail du designer est au contraire d'aller requestionner la question de départ pour la reformuler de manière pertinente c'est-à-dire dans un objectif utilisateur.

Le petit Robert définit ainsi l'adjectif pertinent : « qui a rapport à la question, qui se rapporte au fond même de la cause, et en langage courant : « qui convient exactement à l'objet dont il s'agit ». On comprend donc bien le lien essentiel entre la question de départ, la pertinence, ainsi que la nécessité pour les entreprises d'être à la recherche de cette pertinence qui se situe en amont de la performance. Le client ou l'utilisateur sera tellement satisfait que cela sera, en retour, très profitable pour l'entreprise.

Cette question de la pertinence de l'offre par rapport à la cible impacte l'entreprise de deux manières. La première concerne l'organisation de l'entreprise qui doit intégrer cette composante majeure, notamment par la mise en place d'indicateurs de pertinence, comme le prône Stéphane Gauthier. Sa vision sera détaillée dans la partie sur les expériences proches de ma réflexion.

La deuxième manière d'appréhender cette pertinence se rapporte aux salariés de l'entreprise. Les designers, en requestionnant la problématique de départ, auraient la capacité d'apporter une réponse pertinente aux salariés pour leur permettre de mieux effectuer leurs tâches. Et de la même manière que l'entreprise profite de la pertinence d'une expérience offerte aux consommateurs, elle profiterait de la pertinence de l'expérience vécue par ses salariés, ces derniers étant ainsi plus opérationnels et donc plus performants.

3.1.3. Le designer : un créatif habitué aux contraintes et au service de la société

À l'heure où le design s'expose dans les musées, où les designers-stars sont présentés comme des « créateurs » et où les écoles des beaux-arts ouvrent des départements de design, on peut être tenté de croire que la frontière entre l'art et le design est en train de disparaître. Cependant, faire de l'art et faire du design sont deux choses par nature très distinctes. L'artiste jouit d'une liberté absolue et n'a de comptes à rendre à personne. Il crée à partir de son propre désir. Le designer, en revanche, ne travaille pas seulement à partir de son désir – condition qui demeure nécessaire à tout travail créatif – mais aussi à partir du désir d'autrui. « Le designer **affronte des questions de société pour tenter de les résoudre**. Sa démarche est foncièrement *socioplastique* et son désir est désir du désir de l'autre. Le designer est donc habitué, par nature, à concevoir sous un système de contraintes, à justifier sa démarche et à expliquer la légitimité de son travail.»[76]

Le légendaire designer américain Charles Eames l'affirmait « Le designer a pour caractéristique d'embrasser volontairement les contraintes ». L'acceptation délibérée des limites imposées est au fondement même du design. La première étape porte sur la hiérarchisation des contraintes et l'établissement d'un schéma d'évaluation. Tim Brown, designer américain qui a conceptualisé sa méthodologie sous le terme de « *design thinking* », qui sera développé plus tard, présente les trois critères indissociables qui conditionnent la validité d'une idée : la faisabilité (qu'est-ce qui est fonctionnel et réalisable dans un avenir prévisible ?), la viabilité (qu'est-ce qui s'intègre dans un modèle économique durable ?) et la désirabilité (qu'est-ce qui correspond aux attentes de la population cible ?). Les équipes de designers sont appelées à jongler constamment avec ces trois critères. A cet égard, la Wii de Nintendo est exemplaire. Le designer de Nintendo a compris qu'il fallait créer une véritable expérience d'immersion dans le jeu grâce à la technologie révolutionnaire du contrôle par les gestes.

3.1.4. La conception à partir de l'humain

Un aspect très caractéristique et fondamental du design est qu'il consiste à comprendre l'humain dans ses pratiques et dans ses usages pour être force de proposition innovante. Le design s'efforce de caractériser les usages, les expériences, les préférences. Il est par nature centré sur l'utilisateur et il a pour mission d'organiser ses solutions autour des individus et non pas autour des systèmes.

Par opposition, l'innovation traditionnelle, qui historiquement et culturellement vient du monde des ingénieurs, s'organise autour des produits et des process.

Les organisations actuelles ont plutôt tendance à être organisées autour d'elles-mêmes et à auto justifier le système. **Le design leur permettrait de réorganiser leur système autour des individus (c'est-à-dire des consommateurs et des salariés) pour le rendre plus pertinent et donc efficace.**

3.1.5. De l'observation à la conception

L'observation est essentielle pour identifier le non-verbalisé, source très riche d'information, alors que les « focus groups » ne font ressortir que ce que les participants veulent et peuvent partager. C'est donc un levier extrêmement fort en matière d'innovation et les designers sont formés à l'observation lors de leurs études.

Tim Brown constate que l'on a beaucoup écrit sur l'humain et de son importance pour l'innovation. Il se demande alors pourquoi les véritables réussites sont si rares et pourquoi il est si difficile de détecter un besoin et d'y répondre. Son explication est que **les gens s'adaptent toujours avec beaucoup d'ingéniosité à des situations incommodes** et qu'ils n'en sont même pas forcément conscients. Ils écrivent un code sur leur main, suspendent leur veste aux poignées de porte et attachent leur vélo aux bancs sans même y penser. Le fabricant de voitures Henri Ford l'avait parfaitement assimilé lorsqu'il dit : « si j'avais demandé à mes clients ce qu'ils voulaient, ils m'auraient répondu un cheval plus rapide ».

L'objectif de cette phase d'observation des individus est de détecter des besoins latents dont ils ne sont peut-être même pas conscients afin de pouvoir ensuite concevoir et leur proposer des solutions pertinentes. Il est donc essentiel de comprendre le contexte dans lequel les gens vivent et cela passe souvent par des phases d'ethnographie, de films de personnes en situation.

Par exemple des designers ont aidé une bibliothèque à améliorer son offre. La mission d'une bibliothèque n'est pas seulement de mettre des livres et des ouvrages à disposition ou de les prêter, c'est d'une manière plus globale de partager des connaissances, du savoir. Les designers se sont rendu compte que les personnes ne pouvaient pas transférer cette connaissance à leur domicile parce qu'ils rencontraient des difficultés informatiques de transfert des données. Ils ont donc mis en place un service d'aide à la résolution de tout type de problème informatique, tel que l'installation et à la mise à jour de logiciels, pour les aider à exploiter au mieux cette connaissance que la bibliothèque leur offrait.

De manière générale, les designers mettent à plat toutes les pratiques, et les croisent avec les grandes tendances sociologiques et technologiques. Ils peuvent ainsi détecter des thématiques fortes, des champs de recherche avant, dans ce second temps, de passer à l'étape de créativité.

3.1.6. L'étape de conception

Pour qu'elle soit bien menée, la créativité doit être extrêmement bien cadrée. Stéphane Gauthier dit interdire aux designers de formaliser des concepts directement à l'issue de la séance de créativité. Pourquoi ? Parce que, avant de dessiner la solution, il est indispensable de dessiner l'expérience. Comprendre ce que sont le « avant », le « pendant » et le « après », c'est-à-dire appréhender l'expérience globale et en analyser le sens. Si on va directement à la solution, on manque cette étape intermédiaire qui est fondamentale. On peut tout à fait dessiner une innovation, une expérience sans dessiner. C'est se situer sur la raison d'être de l'offre et en analyser la pertinence par rapport au besoin. Une fois que les « story boards » intéressants ont été sélectionnés, c'est très facile de dessiner le produit ou le service correspondant.

3.1.7. Regard critique/ sortir du cadre

Plus on se spécialise, plus on a une tendance naturelle et malheureusement inéluctable à s'enfermer dans un segment.

Les designers développent fortement durant leur formation et leur pratique la posture inverse qui consiste à remettre en cause ce qui est donné, à se méfier des présupposés, à toujours sortir du cadre, à faire un pas de côté, à ne rien prendre pour acquis de manière définitive, ceci afin d'entretenir la capacité de voir une problématique différemment, dans le but de mieux l'appréhender. Ils disposent d'un esprit critique fortement constructif.

3.1.8. La culture de la réflexivité

Selon Stéphane Vincent, Directeur de la 27ème région, région virtuelle qui se positionne comme un laboratoire de nouvelles politiques publiques, le design serait l'une des disciplines qui travaille le plus la réflexivité qui, de plus, serait une réflexivité opérationnelle, c'est-à-dire une capacité à réfléchir sur soi-même en tant qu'individu dans une organisation.

Le Petit Robert définit la réflexivité comme étant « propre à la réflexion, au retour de la pensée, de la conscience sur elle-même ». Un synonyme serait l'introspection.

Cette réflexivité n'existe malheureusement pas suffisamment dans le monde de l'entreprise, comme nous le verrons plus en détail dans la partie suivante. Tout le monde « rêve » du moment où il va enfin pouvoir prendre un peu de recul pour remettre en cause et améliorer sa manière de travailler. Ces questionnements sont absolument indispensables mais personne ne prend suffisamment le temps de s'y attarder. Il semblerait que le design fournisse des outils pour faire plus de réflexivité dans l'entreprise, dans les organisations.

3.1.9. De la vision globale aux détails

Les designers auraient la capacité de zoomer et de dezoomer, c'est-à-dire qu'ils pourraient analyser en profondeur un problème donné mais aussi avoir un regard plus général, prendre plus de recul, et également passer de l'un à l'autre avec fluidité.

3.1.10. Le prototypage

Le designer aide à imaginer, à caractériser des choses complexes. Cela passe par la représentation de concepts. Le designer, à l'inverse du chercheur, « fait pour réfléchir » et non pas l'inverse. Il a le réflexe de toujours rendre tangible sa réflexion pour la tester. L'idée est de créer un objet qui puisse « vivre », évoluer, au cours du process.

Cette « tangibilisation » (le fait de rendre un concept tangible) passe toujours par le prototypage d'un objet, en 2 ou 3 dimensions, vite fait et à bas coût, qui permet de tester très vite un concept. Un prototype est un succès non pas quand il fonctionne sans problème mais lorsqu'il permet d'apprendre quelque chose. Plus vite les idées seront rendues tangibles, plus vite elles pourront être évaluées et éventuellement abandonnées. Il s'agit du principe « échouer vite pour réussir rapidement » que nous avons déjà évoqué, qui est très difficile à accepter pour les entreprises mais qui est cependant extrêmement puissant pour concevoir des solutions vraiment pertinentes.

Par ailleurs, la « tangibilisation » d'un concept apporte un média de compréhension aux différents acteurs. Il permet de créer une meilleure efficacité de la communication, une forme de discussion qui peut s'appliquer à tous les domaines. En effet, les mots ne suffisent pas toujours. On parle souvent par métaphore pour mieux se faire comprendre, prenant même le risque que notre interlocuteur n'ait pas la même représentation que nous.

Selon Jean Luc Fallou, les bons consultants sont ceux qui donnent à leurs clients un produit intermédiaire, qui est une représentation. Il est impossible de collaborer efficacement sur un projet sans représentation. Ils peuvent ainsi continuer leur collaboration après avoir compris qu'en fait, ils ne s'étaient pas compris. Encore le fameux « échouer vite pour réussir rapidement ». Le design permet de proposer d'autres types de représentations qui peuvent être plus pertinentes de par la méthodologie spécifique aux designers et de leurs 3 dimensions.

Enfin, le prototypage a un fort pouvoir fédérateur, particulièrement lors de la co-conception. Il est créateur et porteur de sens pour les gens qui l'ont conçu, mais aussi pour ceux à qui il s'adresse et qui le comprennent, ce qui peut être un atout dans le cadre de la gestion du changement, par exemple en termes d'appropriation de la transformation. Une idée est prototypée et testée sur une cible réduite avant d'être généralisée.

Le prototype le plus réussi est « celui qui nous renseigne sur nos objectifs, sur notre méthode et sur nous-même »[77].

3.1.11. La capacité à s'entourer de compétences nécessaires

Le designer doit avoir une certaine ouverture d'esprit, une grande curiosité. D'après Stéphane Gauthier, c'est l'un des critères fondamentaux lors du recrutement à l'ENSCI. Il doit savoir passer d'un livre d'économie à un livre de philosophie. De manière générale, les produits et services les plus riches sont ceux qui ont une multitude d'intervenants dans la chaîne de conception.

Le designer sait donc s'entourer des disciplines et des professionnels dont il a besoin. Lors de sa réflexion, il s'enrichit de tout un éventail de regards et absorbe de nombreuses données. Il est essentiel pour la pertinence de son offre de saisir les grands champs de mouvements culturels et mutations sociétales.

Par exemple, Stéphane Gauthier travaille actuellement sur un projet de réinvention des offres d'assurance. Ne pas tenir compte de la mobilité et de sa contre-partie, l'instantanéité, serait extrêmement dommageable. Marie-Virginie Berbet, designer, a, quant à elle, collaboré avec des médecins pour concevoir ses modules de siestes chez Orange.

3.1.12. Le designer est un projeteur

« Le designer conçoit des projets. Un projet, c'est un ensemble de propositions formelles originales qui offrent aux usagers une expérience-à-vivre de nature à satisfaire leurs besoins et susceptible d'enchanter leur existence. C'est une démarche de conception ou d'anticipation qui consiste à imaginer, à partir de l'état existant, des formes de vie et d'usage. »[78]

Stéphane Vial explique que le designer est un projeteur dans la mesure où il a des vues sur l'avenir. Et cette projection se présente de 3 manières différentes :

1. **projection existentielle** : le designer doit projeter notre société dans l'avenir en nous faisant rêver d'un avenir

attractif et séduisant. Le design, comme on l'a vu dans la première partie, est un moteur d'utopie.

2. **projection conceptuelle** : le designer doit concevoir un projet qui permette à des tiers de se représenter de manière professionnelle son dessein. Cela rejoint le prototypage.

3. **projection visuelle** : le designer doit communiquer sur son projet, c'est-à-dire montrer des images de celui-ci et produire un discours pertinent sur ces images.

3.1.13. Une vision : quel futur ?

À la différence des ingénieurs dont l'objectif est de faire fonctionner un système, un produit, une technologie, le designer a pour objectif de repousser les limites du possible par le désir et la pensée positive. Il est à la recherche d'opportunités nouvelles, se posant toujours la question « what if ? ».

Les designers sont donc à l'affût de solutions, de futurs possibles, et ont donc développé une certaine aptitude à percevoir, à anticiper, à prévoir des mutations sociétales, des nouvelles tendances, l'émergence de nouveaux comportements.

Par exemple, lorsque Marie-Virgine Berbet a commencé à travailler sur son concept de sieste, en 2006, beaucoup d'entreprises ont trouvé sa démarche intéressante mais n'étaient cependant pas prêtes à passer le cap. Le moment est aujourd'hui beaucoup plus propice, suite aux nombreux questionnements sur le bien-être au travail, les risques psychosociaux et la responsabilité sociétale des entreprises envers leurs salariés.

3.1.14. Le processus itératif

Durant leur processus de conception, les designers font parfois beaucoup d'allers-retours entre la solution en cours de conception et les problèmes qui se posent afin que, progressivement et dans une certaine incertitude, la solution prenne la forme souhaitée. Il leur faut passer par une période de doutes, plutôt désagréable et de durée inconnue, durant laquelle leur réflexion peut souvent avoir tendance à partir dans tous les sens (phase de divergence).

Dans son livre « Design thinking », Tim Brown explique que la nature itérative de la méthodologie du design ne tient pas à un quelconque défaut d'organisation ou à un manque de discipline qui serait propre aux designers. Elle s'explique par le fait que le design est fondamentalement un **processus exploratoire** qui débouche invariablement sur des découvertes inattendues dignes d'être approfondies. Il arrive qu'un résultat incite l'équipe à revisiter certains postulats de départ. Dans la mesure où il est non directif, ouvert sur l'extérieur et itératif, le processus peut sembler chaotique. Et nombreux diront que l'approche itérative risque d'allonger les délais, mais c'est une vision à très court terme. Comme on l'a déjà dit, il est très important pour les designers d'échouer tôt pour réussir plus vite. Par ailleurs, les résultats obtenus par un processus linéaire sont beaucoup plus facilement copiables par la concurrence.

3.1.15. La créativité

La créativité n'est pas le monopole du designer mais c'est un atout essentiel. Le designer a la capacité d'imaginer non seulement des solutions nouvelles mais aussi de les représenter de manière nouvelle et même, nous le verrons, de créer de nouveaux outils méthodologiques afin de concevoir de manière participative, et donc d'amener les participants à être eux aussi plus créatifs, à leur ouvrir les yeux, à les stimuler pour les amener à penser différemment.

3.1.16. Les 3 effets du design selon Stéphane Vial

L'effet callimorphique : le premier effet du design est un effet de beauté formelle, d'harmonie. La recherche de la **beauté, ou de l'harmonie,** correspond à un besoin psychique fondamental chez l'homme. Nous en avons donc besoin pour mieux supporter ou enchanter notre existence.

L'effet socio plastique : c'est un effet de réforme sociale. Il s'agit d'inventer des formes socioplastiques, c'est-à-dire des formes capables d'agir sur la société et de la modeler, de chercher à améliorer notre cadre de vie, imaginer de nouvelles manières d'être ensemble, faire face aux enjeux de l'avenir, « non pas faire le marché mais faire la société »[79]. En effet et contrairement aux arts plastiques, les formes qui naissent du design ont une valeur d'usage, c'est-à-dire une utilité matérielle. Souvenons-nous des origines du design. William Morris avait l'ambition de faire advenir un monde meilleur. **Le design est toujours créateur de civilisation,** qui chercher à œuvrer pour la « sculpture sociale »[80]. L'exemple du Vélib est une belle illustration de l'effet design : il modifie notre manière de vivre en ville. A quand le déploiement au sein de l'entreprise de **nouvelles manières de travailler ensemble** ?

L'effet d'expérience : Il s'agit d'un effet qui unit et amplifie les deux précédents. Le design est avant tout quelque chose qui augmente l'empirie d'usage, en agissant sur l'expérience utilisateur. D'origine anglo-saxonne, la notion d'expérience utilisateur désigne l'ensemble des perceptions, émotions, représentations et actions qu'un objet de design suscite de manière subjective chez un usager. L'Iphone d'Apple en est l'exemple emblématique. Tous ses utilisateurs s'engagent dans de nouvelles manières de vivre leur relation à l'information et leur mobilité quotidienne. « **Le design n'est rien d'autre qu'un générateur d'expérience humaine** qui propose aux gens des expériences à vivre (.../...) et qui répond à un besoin fondamental : celui d'enchanter l'existence à chaque instant »[81]

3.1.17. La méthodologie du designer :

Le designer utilise une méthodologie créative qui lui est propre :

- Premièrement, il analyse. Il prospecte, il s'informe, il se documente, il observe. Il a besoin de connaître et comprendre le contexte, les acteurs, les enjeux.
- Deuxièmement, il problématise. Il demande, il questionne, il interroge. Il formule le problème que son projet doit résoudre.
- Troisièmement, il conçoit. Il imagine, il invente, il rêve. Il forge des solutions et en choisit une qu'il assume et qu'il est

prêt à défendre, et ceci de manière parfois collaborative (il s'agit alors de co-conception)

- Quatrièmement, il dessine. Il fait des esquisses, des plans, des maquettes. Il crée les formes de son projet, qu'il valide ou non.
- Cinquièmement, il explique. Il parle, il expose, il justifie. Il fait comprendre ses choix afin de défendre son projet.

3.2. Le *design thinking*

3.2.1. Le terme de *design thinking* inventé par David Kelley

Dans son livre « L'esprit design », Tim Brown explique la naissance du terme « *design thinking* » : « Un jour, lors d'une conversation, mon ami David Kelley, Professeur à Stanford et fondateur d'IDEO, attira mon attention sur un détail qui l'avait frappé : chaque fois qu'on l'interrogeait sur le design, la forme verbale *thinking* lui venait immanquablement à l'esprit pour expliquer ce que font les designers. Le néologisme de *design thinking* était né.»[82]

Il précise ensuite qu'il l'utilise désormais pour « décrire un ensemble de principes applicables par un large éventail d'acteurs dans la résolution de problématiques variées. »[83]

Sa thèse est que « les designers ont développé cet incroyable savoir-faire dans la recherche de solutions, la capacité à transformer les contraintes en opportunités, l'observation et la compréhension des besoins des individus. Ils se sont forgé une méthode de pensée et une culture de l'innovation qui dépassent de loin les questions qu'ils résolvent en tant que designers : *le design thinking.* »[84]

Tim Brown raconte également comment son entreprise, IDEO a été conduite sous l'impulsion de ses clients à sortir de ses champs habituels de réflexion pour repenser globalement leurs stratégies de développement. « C'est là que le *design thinking* révèle toute sa puissance : améliorer l'accueil d'un hôtel, développer un récit qui motive les citoyens sur un sujet d'intérêt public, optimiser la sécurité d'un aéroport ou encore repenser le vélo et son usage... autant de problématiques auxquelles il permet de répondre de manière constructive et pertinente. »[85]

3.2.2. Les différentes étapes du *design thinking*

Dans un article du Business Week du 17 mai 2004, Tim Brown décompose le processus de design thinking en 5 grandes étapes.

Observation:

Les équipes de designers de l'agence IDEO fondée par Tim Brown collaborent avec des psychologues, des anthropologues et des sociologues pour mieux comprendre l'expérience du consommateur ou de l'usager final. Il existe différentes techniques d'observation :

- Suivre les gens et les observer utiliser les produits, faire les courses, aller à l'hôpital, prendre le train, utiliser leur téléphone, etc.

- Photographier les gens au sein d'un espace, tel que la salle d'attente d'un hôpital, pendant plusieurs jours de suite
- « Consumer journey » : répertorier toutes les interactions qu'un usager a avec un produit, un service ou un espace
- Demander à des usagers de tenir un journal de leurs activités et de leurs impressions concernant un produit, un service ou un espace
- Interviewer des personnes qui connaissent bien, ou au contraire pas du tout, le produit, le service ou espace concerné
- Demander à des personnes de raconter leur histoire personnelle à propos du produit, du service ou de l'espace concerné
- Interviewer un groupe de personnes variées pour explorer des idées

Brainstorming

Il s'agit d'une session de production d'idées par brainstorming à partir des données obtenues de la phase précédente d'observation des personnes. Les règles du brainstorming sont strictes et affichées au mur.

- Différer le jugement, ne censurer aucune idée
- Construire sur les idées des autres, à partir d'elles et non pas contre elles
- Encourager les idées folles qui peuvent être la clé de solutions pertinentes

- Objectif quantitatif : obtenir le plus d'idées possibles. Lors de sessions efficaces, plus de 100 idées sont générées en 1 heure
- Visualiser l'ensemble des idées, en utilisant des codes de couleurs et de gros post-its placardés sur le mur
- Rester focalisé sur le sujet, ne pas perdre de vue l'objectif
- Une conversation à la fois : ne pas s'interrompre, ne pas se censurer, être respectueux et bienveillant

Prototypage rapide

Construire des maquettes de travail aide tout le monde à visualiser les solutions possibles et accélère le processus de décision et d'innovation.

- Il est nécessaire de respecter les quelques règles suivantes :
- Tout prototyper : il est possible de construire des maquettes non seulement d'espaces, de produits mais aussi de services et de tout autre concept
- Utiliser des vidéos : faire des courts-métrages pour décrire l'expérience de l'usager
- Être rapide : construire des maquettes rapidement et à bas coût ; ne jamais perdre de temps dans des concepts trop compliqués
- Ne pas faire de présentation compliquée : les maquettes doivent pouvoir démontrer une idée sans se noyer dans les détails
- Créer des scénarios : montrer comment différentes personnes utilisent un service de manière différente et

comment de nombreuses conceptions peuvent rencontrer leurs besoins individuels

- Bodystorm : décrire différents consommateurs ou usagers et jouer leurs rôles

Raffinement

Le but est ici de ramener les différentes possibilités à quelques alternatives.

- Brainstorming : rapide afin de supprimer les mauvaises idées et se focaliser sur les meilleures options
- Prototypage focalisé sur quelques idées clés pour arriver à une solution optimale
- Engager activement le client dans le processus de sélection
- Être discipliné et impitoyable dans le processus de sélection
- Se focaliser sur le résultat qui est d'atteindre la solution la plus pertinente
- Obtenir l'approbation de toutes les parties prenantes, dont notamment celle du manager le plus élevé possible

Implémentation

La mise en œuvre d'un produit ou d'un service se fait en prenant appui sur les nombreuses expertises et ressources de l'agence IDEO (design, sciences sociales, techniques)

3.2.3. Les 6 principes du *design thinking*

Theresa Chiueh de Continuum, agence de design américaine, présente, lors de la conférence de l'APCI sur le design de service des 24 et 25 juin 2011 à Paris, les 6 principes du *design thinking*.

1. La connaissance de ses clients/utilisateurs

Il convient de voir le monde du point de vue des clients ou utilisateurs et se demander comment ils intègrent dans leur vie quotidienne les services et produits proposés.

Le design de service est avant tout un travail de conception centré sur l'humain. À ce titre, il commence systématiquement par une phase d'observation des utilisateurs. Parce que, comme on l'a vu, le design est particulièrement adapté à la découverte des besoins inexprimés.

Un des outils très pertinents pour comprendre le vécu des utilisateurs est le « journey mapping » qui consiste à représenter le parcours, chronologiquement, de l'utilisateur, en indiquant ses réflexions, son état d'esprit et ses émotions, ainsi que l'ensemble des points de contacts entre l'usager et le service afin d'identifier l'écosystème global. Il est alors plus facile d'identifier les sources d'insatisfaction auxquelles il faudra remédier.

2. La collaboration

Les meilleures idées sont celles provenant d'équipes pluridisciplinaires. Il faut échanger un maximum d'idées en différant le jugement.

3. L'interprétation

Une prise de recul par rapport à la problématique donnée est indispensable. Il est nécessaire de requestionner cette problématique ; est-ce vraiment la bonne ? Le problème ne serait-il pas plus large ou ailleurs ?

4. Le raisonnement abductif

Il faut s'efforcer de se poser constamment la question « what if ? » pour quitter le monde de la certitude et rentrer dans celui du possible.

5. L'expérimentation

Il s'agit de concevoir, de tester et d'agir. Les idées et les concepts doivent être testés. C'est positif de se tromper, cela amène souvent à de meilleures solutions.

Le prototypage est essentiel. Il n'est pas nécessaire d'y passer beaucoup de temps ni de faire des choses coûteuses. Il s'agit juste de tester rapidement une idée.

6. L'intégration

Il n'existe pas toujours une bonne ou une mauvaise solution. Au lieu de choisir entre deux solutions, il convient d'essayer de créer un nouveau modèle. Parfois l'innovation se situe entre deux solutions.

3.2.4. Deux manières de penser : « *business thinking* versus *design thinking* »

Business Thinking	Design Thinking
Pensée logique	Pensée intuitive
Raisonnement déductif et inductif*	Raisonnement abductif*
Besoin de preuves	Questionnement: "what if?"
Appui sur des exemples passés	Détachement des exemples passés
Décision rapide	Maintien de plusieurs possibilités
« C'est bon » ou « C'est pas bon »	« On peut toujours trouver une meilleure solution »
Inconfort avec l'ambigüité	Goût pour l'ambigüité
Recherche de résultat	Recherche de sens

* Un raisonnement déductif signifie que l'on détermine la conclusion (Quand il pleut, la pelouse est mouillée. Il pleut. La pelouse est donc mouillée).

Un raisonnement inductif signifie que l'on raisonne à partir d'une règle (La pelouse a été mouillée à chaque fois qu'il a plu. Il pleut. La pelouse est donc mouillée).

Un raisonnement abductif (terme absent du Petit Robert 2002) est très proche du concept de la pensée latérale et signifierait que l'on détermine la pré-condition (quand il pleut, la pelouse est mouillée. La pelouse est mouillée. Il doit donc avoir plu. Mais il peut également y avoir une multitude d'autres raisons).

Le *design thinking* est donc subjectif, interprétatif, intégratif, expérimental, opportuniste et optimiste. C'est ce qui fait sa richesse en termes d'ouverture d'esprit et d'imagination de nouvelles alternatives.

Le *design thinking* génère des idées par abduction, prédit les conséquences par déduction, teste ses idées par expérimentation et les généralise par induction. C'est le cycle du design thinking tel que l'*Academy of Management Learning and Education* le présente dans son ouvrage "Design thinking and how it will change management education[86]".

3.2.5. Le *design thinking* critiqué

Certains designers français voient la conceptualisation de leur démarche d'un mauvais oeil. Ils craignent, à juste titre ; l'émergence d'une nouvelle mode de management qui pourrait avoir un impact négatif sur le design si le *design thinking* « récupère » les seuls outils des designers, sans designer mais avec une grosse force de frappe commercial et marketing.

D'autres designers considèrent plus simplement que le *design thinking* décrit la méthodologie du design, et que cette

« description » peut être fort utile lorsque l'on souhaite appliquer le design à des champs moins traditionnels, tel que le design de service, et qui doit donc forcément être explicité à de non initiés. C'est clairement le cas de ce que j'appellerai le design d'organisation et de pratiques de management.

Afin de ne pas rentrer dans cette polémique, j'ai pris le parti pris de m'appuyer sur le *design thinking* pour mieux comprendre la l'approche et les atouts de designers, mais de me cantonner au terme générique de « design ».

3.3. Le design et l'innovation sociale

Les designers, en cohérence avec leur volonté d'améliorer le monde s'intéressent aussi depuis quelques années à l'innovation sociale. Ils cherchent à concevoir des solutions pour faire face aux problèmes complexes que rencontrent les populations des pays sous-développés.

Par exemple, Fabio Sergio de Frog Design a conçu un projet pour combattre le sida en Afrique du Sud où 40% de la population est touchée et où seulement 2% bénéficient d'un traitement, dont 40% l'abandonnent. Des équipes de designers ont conçu une solution pour sensibiliser la population sud-africaine à ce fléau. Ils ont mis en place un système basé sur le téléphone mobile pour permettre aux gens d'envoyer et de recevoir des SMS afin de s'informer, personnellement, discrètement, et anonymement, sur le sida. Bien que très généralisée, cette maladie reste en effet extrêmement taboue. Le programme a reçu 50 millions de messages en octobre

2008 et les appels au numéro d'information ont augmenté de 300%. L'équipe a ensuite conçu un kit de tests, beaucoup moins cher que ceux déjà existants, que les gens peuvent utiliser chez eux. Le packaging a été pensé de manière à être d'un format discret et peu médical afin d'être mieux accepté par les utilisateurs.

Les exemples d'innovation sociale par le design abondent : deux designers sont parties en Asie utiliser une algue, qui envahissait des maisons flottantes, comme matière première de vannerie, Schneider Electric a conçu une lampe rechargeable, très résistante et à bas coût, pour le marché indien, etc.

Et pour répondre à la demande croissante des ONG, notamment la *Bill & Melinda Gates Foundation*, **IDEO a conçu en 2008 le premier « toolkit » de design thinking** pour que les ONG puissent apprendre, s'approprier et utiliser de manière autonome la méthodologie du design thinking. Il s'agit du « Human Centered Design toolkit », un document pédagogique de 100 pages qui repose sur les principes traditionnels de désirabilité, de faisabilité et de viabilité du design, et qui reprend évidemment les différentes phases de la méthodologie : observer, créer et délivrer. Il rappelle également les règles nécessaires à un bon travail de conception : des équipes multidisciplinaires, des espaces dédiés, avec la possibilité d'accrocher des post-its et autres documents, et enfin, un calendrier défini.

3.4. Le design de service

3.4.1. Qu'est ce que le design de service ?

Tout d'abord, il est important de préciser que, si l'innovation au niveau des services n'est pas une nouveauté, le design de service est lui un champ très récent du design. Le design est historiquement axé sur les produits. Cependant, notre société évoluant de plus en plus vers une société de services aux consommateurs, le champ d'intervention du design s'y étend tout naturellement.

Lors de la première conférence sur le design de service en France, les 24 et 25 juin 2011, organisée par la Service Design Network (SDN, créé en 2004), en collaboration avec l'APCI, la Directrice du SDN, Birgit Mager, a défini le design de service comme étant :

> « l'application du concept et de la méthodologie du design de produits aux services afin de concevoir des solutions qui soient utiles, utilisables, désirables, efficientes et pertinentes. »

De son côté, l'agence de design Yellow Window présente, sur son site, le design de service de la manière suivante :

> "Service design is a method for improving the quality of your service. Those improvements are directed at both the users and staff of your organization. Innovating in services is not new. Every organization that provides services thinks seriously about improving the quality of its service at some point.

> What is new, however, is that this innovation is approached from a human-driven way of design thinking. In this method,

we start from the needs and requirements of users and look for solutions together with these users and other stakeholders. Ideas are swiftly crystallized using photos, drawings and models and systematically reviewed with the users.

In service design, a wide range of disciplines come together, such as ethnography, consumer research, interaction design, product design, industrial design, service marketing and corporate strategy."

Birgit Mager ajoute que lorsqu'une entreprise souhaite mettre des services sur le marché, il est essentiel qu'elle les considère comme des produits, c'est-à-dire qu'elle doit être au moins aussi rigoureuse en termes de stratégie et de positionnement. Par ailleurs, les designers doivent être associés à la stratégie. Il est indispensable de se focaliser sur les bénéfices du client et de partir son expérience pour établir un « journey » type. Il s'agit d'un outil de représentation, de manière chronologique avec son état d'esprit et de ses émotions, de tous les points de contact que le client a eu avec l'entreprise et notamment avec ses employés.

Il s'agit là d'un aspect fondamental parce que l'on comprend que **le design de service concerne également et évidemment le service rendu par les employés et donc leur manière de travailler, leur organisation et leurs pratiques de management** qui doivent tous les 3 être cohérents avec l'expérience que l'entreprise s'est donnée comme objectif de faire vivre à son client.

Avec l'arrivée du design de service, les designers sont donc amenés à s'intéresser au design de l'organisation et des pratiques de management.

Continuum, agence américaine spécialisée dans le design de service, n'hésite pas à définir, dans sa brochure le design de service à partir des employés et non plus des clients :

> « What is Service Design ? It's defining and developing a system of components that motivates employees while helping them deliver a consistent service experience. It informs every touchpoint so the experience is always the same, no matter what the medium. Service design incorporates four key elements: agents (all the people that touch the service experience, directly or indirectly), props (tools that help the employees deliver and the customer interact with the experience, including any mediating technology), setting (the various places and situations where the service experience occurs, both physical and virtual) and process (the operational systems, flow of activities and overall choreography that influence the experience)."

Pour Theresa Chiueh de Continuum, le design de service est tout simplement "un great way to approach problems". D'après elle, les entreprises sont souvent trop organisées en silos, chaque silo s'intéressant naturellement en priorité à ses produits et à ses problèmes. Mais la plupart de temps, le problème se situe à l'extérieur des silos. Il est donc essentiel d'aborder les problématiques de manière holistique, de réfléchir en termes d'écosystème et de visualiser cet écosystème et de représenter les différents points de contacts.

3.4.2. La méthodologie

La méthodologie doit être, comme on l'a dit, très rigoureuse et systématiquement basée sur les 6 principes du design thinking présentés plus haut (point 3.2.6), à savoir, la connaissance des utilisateurs, la collaboration, l'interprétation, le raisonnement abductif, l'expérimentation et l'intégration.

3.4.3. Les kits méthodologiques

De nombreuses agences de design ont développé des kits méthodologiques pour aider les entreprises à intégrer le design de service dans leur pratique quotidienne. Ces kits reprennent tous les principes du design thinking présentés plus haut.

Par exemple, Alain Denis de Yellow Window a présenté son kit et ses principes le 24 juin 2011 lors de la première conférence sur le Design de Service en France: l'approche globale, l'expérience client, la collaboration interdisciplinaire, la recherche de points de contacts entre les parties prenantes, l'implication du personnel (parce que la qualité de service est également liée à la personne qui rend le service) et enfin la matérialisation de ce service.

Son toolkit est constitué d'un manuel présentant une introduction au design de service ainsi que les différentes étapes de la démarche (écouter, concevoir, visualiser, tester, briefing pour l'appel d'offres), d'un kit avec des outils pratiques (des posters pour chaque étape du process avec les personnages et les points de contact, des archétypes de personnes) et d'un site web (www.servicedesigntoolkit.org) avec des outils supplémentaires (template pour interviews, agenda, autres posters, exemples).

On peut dire que les designers ont appliqué leur propre méthodologie à leur offre. Ils ont observé et compris notamment que les entreprises n'étaient pas à l'aise avec les pratiques créatives et ils ont conçu une offre « tangibilisée » répondant aux besoins de l'entreprise. Cela est, encore une fois, bien la preuve que la matérialisation d'un concept présente un fort pouvoir de communication et d'appropriation.

3.5. Des exemples d'innovation par le design de service

Tous les professionnels du design avec qui j'ai pu échanger (Sophie Pène, Blandine Brétignac, Marie Virginie Berbet, Stéphane Vincent, Romain Thévenet, Stéphane Gauthier, Stéphane Distinguin, Brigitte Borja di Mozota, Anne Marie Boutin, Quentin Lesur) s'accordent à dire qu'**il n'existe pas encore d'exemple en France de réinvention de l'organisation de l'entreprise et des pratiques de management par le design. Ils reconnaissent par contre tous que le design pourrait tout à fait, et de manière très légitime, aider les entreprises à se réinventer et que des prémices de ce grand chantier se mettent en place progressivement.**

Nous allons maintenant voir quelques-unes de ces initiatives pionnières en la matière.

3.5.1. Amélioration de la qualité de vie des résidents d'une maison de retraite

Yellow Window a travaillé à l'amélioration de la qualité de vie des résidents d'une maison de retraite. Les designers ont cherché à comprendre leurs besoins et leurs difficultés, et dans quelle mesure le design de service pouvait les aider. Cette mission s'est faite sur un temps très court, à savoir seulement deux jours.

Ils ont commencé par faire un workshop d'idéation, avec des membres du personnel et des résidents, qui a produit énormément d'idées. Ils ont ensuite fait un « co-design workshop » pour essayer de développer l'une de ces idées, à savoir la pause-café, qui provenait de trois éléments d'insatisfaction : la difficulté à trouver du temps pour le dialogue entre le personnel et les résidents, et le fait que les propositions du personnel ne soient jamais entendues, et donc la forte démotivation des employés. La solution a été de créer un moment de discussion, autour d'un café, renouvelé périodiquement et facilité par un modérateur.

Il s'agit d'une idée toute simple, de bon sens même, mais tant que cette démarche n'avait pas été effectuée, personne ne prenait le temps de chercher à apporter une solution à ce problème ressenti par l'ensemble des résidents et des employés.

3.5.2. Santé et design : impliquer les patients et le personnel médical dans la co-innovation par le design de service

Julia Schaeper présente un projet de transformation du secteur de la santé, par le design, du NHS (Sécurité sociale britannique). L'idée sous-jacente était de trouver une approche innovante pour améliorer l'efficacité et la productivité du secteur de la santé.

Les services de santé publique existent depuis très longtemps et n'ont pas toujours été repensés depuis leur création. Et ces services ont plutôt tendance à être organisés que véritablement « pensés ».

Elle observe que, malheureusement et trop souvent, les consultants ont tendance à proposer des solutions rapides et opérationnelles mais sans se rendre compte que ces solutions ne répondent pas dans les faits à la véritable problématique. Ils mettent en œuvre leurs idées trop rapidement, pour ensuite réaliser qu'elles ne sont finalement pas pertinentes, et repassent du temps facturé à retravailler sur cette même solution pour essayer de la rendre plus adaptée.

Julia Schaepe pense que la méthodologie du design de service est intéressante parce qu'elle permet de passer plus de temps en amont, dans la phase de réflexion, et d'impliquer les personnes concernées dans la réflexion et la conception de solutions. Le rôle du designer est finalement d'aider les employés à définir eux-mêmes leur problématique et à l'affronter. Le designer se concentre sur la méthodologie et la conception d'outils et techniques pour permettre aux gens de concevoir leur solution.

Il est donc indispensable de passer plus de temps à analyser le problème que l'on souhaite solutionner et la méthode de design de service le permet. « The design thinking is a way to problem solving and is a transferable methodology ». Par conséquent, le design peut être utilisé pour chercher à résoudre une problématique du secteur de la santé.

Ils ont donc lancé une expérience dans un établissement hospitalier suivant les phases traditionnelles du design, à savoir la « capture » de l'expérience, sa compréhension, son amélioration et la mesure du résultat. Les patients et les employés ont donc été interrogés et filmés. Il est par exemple apparu lors du film qu'un employé pressé n'avait pas suffisamment approché le repas du lit d'un patient, qui s'efforçait, en vain, de l'attraper. Ces témoignages et observations ont été analysés, notamment grâce à l'outil de « journey representation » qui permet d'analyser les points de contact et les émotions associées, pour obtenir des « insights » et identifier des opportunités d'amélioration. Les patients et les employés ont été impliqués dans les phases d'idéation et de conception.

Les améliorations ont été incrémentales et très peu coûteuses. Par exemple, en incitant les patients à aller prendre leurs repas dans la salle commune et en améliorant l'organisation de service des repas, les employés ont gagné 17 minutes et ont ainsi pu se rendre disponibles pour les patients qui en avaient davantage besoin.

3.5.3. IDEO : la réinvention de son organisation par le design

Tim Brown, fondateur d'IDEO est parmi les premiers à défendre que, pour les designers, la recherche d'innovation ne se limite plus aux produits. Elle concerne également les services, les moyens de communication, les relations de travail, etc.

Les designers ont développé un savoir-faire dans la recherche de solutions, la capacité à transformer les contraintes en opportunités, l'observation et la compréhension des besoins des individus.

Dans son livre, Tim Brown raconte comment il a appliqué à l'organisation de son entreprise cette méthode de pensée lorsqu'ils ont dû repenser leur stratégie de développement et leur organisation pour s'adapter à leur évolution.

> « Dans une entreprise qui s'était vantée de ne jamais dépasser le nombre de quarante salariés (nous voulions avoir la possibilité de nous absenter en ayant seulement à fermer la porte à clef avant de sauter dans le bus qui mène à la plage), nous étions passés à un effectif multiplié par dix, et en dépit de nos efforts pour conserver une organisation plate, cette croissance se traduisait par trois cent cinquante carrières à gérer, des primes à distribuer et des rêves à réaliser. Les enjeux étaient élevés et il n'y avait aucun filet de protection, je décidai donc d'imiter les designers : je constituai une équipe et je lançai un brief. Le brief ? Réinventer notre entreprise… Nous avons réinventé IDEO parce que nous voulions conserver une structure flexible, dynamique, pertinente et réactive face au nouvel environnement qui se mettait en place. »[87]

Malheureusement, il n'en dit pas beaucoup plus si ce n'est qu'ils se sont organisés en réseaux et qu'ils utilisaient le design au quotidien comme un outil pour améliorer la qualité de vie à tous les niveaux.

Mon intituion rejoint Tim Brown : il pense que c'est sur ces nouveaux champs d'amélioration de la qualité de vie que le design thinking révèle toute sa puissance : améliorer l'accueil d'un hôtel, optimiser la sécurité d'un aéroport ou encore repenser le vélo et son usage. Autant de problématiques auxquelles le design thinking permet de répondre de manière constructive et pertinente.

3.5.4. La 27ème région

La 27ème région est une région virtuelle qui se positionne comme un laboratoire de nouvelles politiques publiques. Elle offre un cadre aux collectivités publiques qui souhaitent expérimenter de nouvelles approches d'innovations sociales. Son objectif est d'aider les acteurs locaux à co-produire des services plus efficaces, à concevoir et mettre en œuvre des réponses créatives aux besoins sociaux. En effet « la machine politico-administrative souffre de nombreux défauts de conception, ne suscite plus le désir et peine à prendre en compte les pratiques des citoyens »[88]. La 27ème région propose de s'inspirer des méthodes du design et de l'innovation sociale pour faire face à ces enjeux.

Le projet sur Lille est le projet pour lequel la 27ème région est allée le plus loin, jusqu'à présent, dans le fonctionnement de l'organisation.

La réflexion a démarré avec la Direction des services informatiques. L'idée de départ était de réfléchir à l'environnement de travail des élus. Petit à petit, la notion de confiance est apparue. La problématique est devenue : « comment crée-t-on des relations de confiance entre les élus et leurs équipes ? ». La démarche a été de suivre 3 élus pendant une journée. Les designers ont ensuite produit, en collaboration avec les élus, une carte sociale par élu représentant les différents acteurs qu'il rencontrait ainsi que le type de relation. Cette carte sociale diffère d'un organigramme dans la mesure où sont représentés de manière hiérarchique les points de contacts. Ont émergé au final plusieurs projets : le projet du « bureau des méthodes » qui organise une réflexion permanente sur les méthodes de travail dans le conseil régional ; le projet du « co-laboratoire » qui instaure des réunions régulières entre collaborateurs sur leurs méthodes de travail ; et enfin, le projet du « kit du nouveau mandat » qui indique à l'élu où s'informer, et auprès de qui, pour chaque étape de sa mandature.

3.5.6. Espace de repos pour Orange

En juin 2009, peu avant la crise des suicides de septembre 2009, Orange voulait réfléchir au repos, à la détente en entreprise. Ils ont contacté la Cité du Design de Saint Etienne qui les a mis en relation avec Marie-Virginie Berbet, designer, qui avait fait son projet d'étude sur la fatigue et le stress au travail. Le projet a été initié suite à un besoin ressenti, sur un site à Lyon, de favoriser le repos. L'objectif était d'améliorer le bien-être et par conséquent l'efficacité au travail.

Marie-Virginie Berbet a donc conçu deux dispositifs, dont une cellule de sieste qui propose des séquences de sommeil de 10, 15 ou 20 minutes compatibles avec l'organisation du travail et ses impératifs. C'est un siège avec une lumière qui fonctionne sur des techniques cardiaques relaxantes. Le but n'était pas de créer des espaces zen propices au repos mais de développer de véritables outils fonctionnels pour se détendre rapidement, lors d'une pause traditionnelle de 10 minutes.

Même si la finalité n'était pas d'agir sur l'organisation d'Orange (même si le résultat peut leur faire prendre conscience des contradictions de leur organisation et les inciter à aller plus loin.), ce projet les a amené à se poser davantage de questions sur leur organisation du travail.

3.5.7. La pertinence et la question du sens selon Stéphane Gauthier

Stéphane Gauthier, designer, est un grand défenseur de la problématique de la pertinence. Il a le projet d'élaborer des indicateurs de pertinence pour le compte des entreprises.

Il part du constat que l'entreprise s'est structurée autour de grandes logiques qui sont celles de la Finance, de la Recherche et Développement, du Marketing, de la Force Ve vente, etc. Les indicateurs de performance ont été développés en reprenant des critères très rationnels de chacune de ces fonctions, tels que le gain de part de marché, le retour sur investissement, etc. Ces outils permettent de mesurer à la fois la performance de l'offre de produits ou de services et celle plus globale de l'entreprise.

L'ambition de Stéphane Gauthier est de passer de cette logique de performance à celle de pertinence. Il souhaite mettre l'humain au cœur de la problématique. Derrière la question de la pertinence se pose la question du sens au sein de chacune des fonctions de l'entreprise. Cette notion fondamentale n'est pas toujours présente lorsque l'entreprise raisonne en termes de performance.

Par ailleurs, il est impératif de se questionner sur la pertinence de l'offre que l'entreprise fait à son client. On s'éloigne ici de l'évaluation du produit pour aller vers l'évaluation de l'expérience. La question pertinente devient « Qu'est-ce que l'objectif de l'utilisateur ? ». Et pour y apporter une réponse également pertinente, l'offre doit nécessairement avoir du sens. Il s'agit une fois de plus de redéfinir la problématique pour la rendre pertinente.

La difficulté majeure est que l'entreprise n'est pas toujours prête à entendre ce genre de discours. Cela est très difficile pour elle de ne pas raisonner en termes de résultat, de performance à court terme, etc.. L'enjeu est de lui faire comprendre qu'un produit pertinent, qui répond à un objectif utilisateur qui a du sens, et construit en prenant appui sur des indicateurs pertinents, générera forcément de la performance.

Si l'entreprise ne vise que la performance, cela peut être un véritable échec, comme cela a été le cas avec la « table surface » de Microsoft. Seules 640.000 tablettes ont été écoulées en 2004, soit moins de 2 % du marché de l'informatique mobile d'alors. C'était cependant un outil parfait du point de vue des critères de performance, le problème était que personne ne savait quoi en faire. La pertinence n'avait pas été abordée. On comprend donc combien la pertinence est essentielle à la performance de l'entreprise.

Cette réflexion illustre parfaitement l'approche du design appliqué au fonctionnement de l'entreprise : comment le design peut améliorer les pratiques de l'entreprise pour les rendre plus pertinentes ?

3.6. Les leçons

3.6.1. La sensibilisation des entreprises

Travailler avec des organisations qui ne sont pas familières du design représente parfois un défi pour les designers de services et ces mêmes organisations. Parmi les quatre étapes constitutives d'une démarche de design de services -- définition du problème, création de concepts, prototypage, implémentation -- les deux premières étapes restent abstraites pour l'organisation cliente avant l'apparition des premiers résultats. Le temps de sensibilisation à la méthode et de réassurance du client peut être très long, au détriment du temps restant disponible pour la mise en œuvre de la méthodologie.

L'intérêt des toolkits est non seulement de développer l'utilisation du design de service mais aussi de lever les barrières au sein des entreprises qui ont besoin d'être rassurées par des méthodologies certes créatives mais compréhensives et finalement très structurées.

L'agence de design User Studio s'interrogeait sur la manière de sensibiliser les organisations aux méthodes d'innovation issues du design et elle a conçu des outils méthodologiques pour les phases d'observation et d'idéation dans le but très spécifique de rassurer les clients qui percevaient ces étapes comme trop abstraites. Matthew Marino explique que son agence a pris le parti pris de standardiser leur méthode, par secteur d'activité après analyse des thèmes et problématiques spécifiques, pour en faire le « H&M » du design de service, ceci afin d'être plus facilement compréhensible et même financièrement accessible par les entreprises.

3.6.2. De rapides résultats

La stratégie est d'avancer rapidement par petits pas pour avoir des premiers résultats rapides qui prouvent l'efficacité de la démarche et ainsi motiver les personnes impliquées. D'ailleurs, cette démarche apporte souvent des solutions très simples et très peu coûteuses à mettre en œuvre.

3.6.3. L'implication du personnel

Le design de service permet de mieux intégrer les services de front office avec les processus de back-office et d'implication, et donc de motiver le personnel.

3.6.4. Application rigoureuse de la méthodologie

Le design de service est différent du design produit dans la mesure ou, dans le design de produit, le designer peut parfois « sauter » une étape. La méthodologie du design de service doit être très scrupuleusement suivie, et c'est d'ailleurs certainement pour cette raison que tous les designers de service suivent la même méthodologie. Par exemple, les utilisateurs doivent vraiment être impliqués. Il ne faut pas avoir peur d'échouer mais au contraire recommencer au plus vite.

3.6.5. L'implication de l'ensemble des parties prenantes vers un objectif commun clairement identifié

Une des principales valeurs ajoutées est l'implication de l'ensemble des parties prenantes confrontées à une même réalité : l'expérience totale de l'utilisateur. Tous les processus doivent être remis à plat à partir de cet angle d'analyse.

3.7. Les enjeux

3.7.1. La complexité de l'écosystème à mobiliser

Dans la mesure où l'ensemble des parties prenantes est impliqué, il est important de concevoir un système où la valeur créée ensemble puisse être partagée.

3.7.2. La gestion de l'enthousiasme

Risque de désillusion de la part des participants

La méthodologie participative et axée sur l'imagination et l'enthousiasme partagé engendre par nature des espoirs parfois démesurés parmi les participants. Il est important d'insister sur le fait que le design vise l'amélioration et non pas la solution miracle.

L'enthousiasme et la prise en compte des contraintes

D'après Theresa Chiueh de Continuum, il peut aussi arriver que des designers qui, emportés par leur créativité et leur enthousiasme débordants, proposent des solutions qui ne soient pas suffisamment adaptées à la réalité de leurs clients. Il est donc nécessaire d'avoir dans l'équipe de travail une personne un peu plus réaliste chargée de challengeur, à chaque phase du projet, les solutions proposées en se faisant en quelque sorte l'avocat du diable.

Cette problématique rejoint celle de l'intégration des contraintes : certes, les designers savent concevoir des solutions à partir de nombreuses mais à quel moment, et comment, les intègrent-ils ?

3.7.3. Savoir affronter le client

Lorsque le briefing communiqué par le client ne semble pas pertinent en termes de problématique posé, le designer doit avoir le courage de le lui dire. C'est aussi la responsabilité du designer de challenger son client, d'élargir le questionnement, de l'amener à changer de perspective.

Idéalement, le designer et le client travaillent ensemble avant l'établissement du briefing, et le designer a la mission de challenger son client en lui posant des questions ouvertes du type : « Que voulez-vous vraiment ? », « Quel est le but ? », « Pourquoi ? », « Comment ça fonctionne ? », « Et si on retournait la problématique ? », « Et si le problème était finalement ailleurs ? », etc ?

De manière générale, les projets qui fonctionnent sont ceux pour lesquels le designer a été impliqué dans l'établissement du briefing et des outils de mesure de la réussite du projet.

3.7.4. L'étendue du champ d'application du design de service au design d'organisation

Le service est consommé dans un certain contexte. Le designer s'intéresse donc naturellement au contexte de consommation. De la même manière, le service est délivré dans un certain contexte. Pourquoi le designer ne s'intéresserait-il pas également au contexte de livraison de ce service, c'est-à-dire au contexte de travail des salariés ?

Ce point est fondamental parce qu'il étend, petit à petit et de manière finalement très naturelle, le champ d'application du design au fonctionnement de l'entreprise.

Lors de la conférence sur le design de service de fin juillet 2011, Yo Kaminagai, designer de la RATP, confirme mon point de vue sur l'apport du design au niveau de l'organisation. Il déclare en effet que « **les salariés qui délivrent le service doivent le faire comme cela a été prévu. Ici le facteur humain rentre en jeu et il est essentiel. Il faudrait également concevoir le contexte de travail des salariés et aller plus en détail dans l'organisation et les process. Un « journey » doit donc être établi non seulement pour**

les utilisateurs mais aussi pour les salariés afin de pouvoir analyser leurs attitudes et les stimuler si nécessaire. »

Cette problématique rejoint la gestion et l'accompagnement du changement, qui est forcément au cœur de toute mission de design de service parce que celui-ci est par nature lié aux salariés. La question essentielle à poser au client est alors : « quelles sont les motivations de ce besoin de changement ? »

3.7.5. L'implication de tous les niveaux hiérarchiques

Si la direction doit laisser une grande marge de manœuvre à la base, il est néanmoins indispensable que la démarche de design de service soit portée par la direction qui doit avoir la vision de ce que le design peut apporter à son entreprise.

Il ressort d'une discussion lors de la conférence sur le design de service de fin juillet 2011 que, si les « front-officers » prennent facilement part au process de conception par le design, l'implication la plus délicate à obtenir, et qui est néanmoins fondamentale, serait celle des échelons intermédiaires. Il est probable qu'ils aient connu de nombreuses tentatives de changement qui n'ont pas vraiment abouti, et soient donc résignés et peu enthousiastes à l'expérimentation, une fois de plus, de nouveautés.

Leur implication est liée à la question de gestion du changement. Il est nécessaire de les convaincre du bénéfice de la démarche, c'est-à-dire que les questions de temps, de coût et de profit doivent être clairement abordées.

L'une des conclusions de la conférence sur le design de service est qu'il est indispensable pour les designers de travailler avec des personnes qui connaissent très bien le monde de l'entreprise et son fonctionnement afin de les aider à communiquer sur les bons arguments.

3.8. Les limites

3.8.1. Limites liées au monde du design

La méthode de conception des designers est difficilement « communicable »

Il semblerait que les designers ne savent toujours bien parler de leur manière de travailler, et traditionnellement, les designers communiquaient peu sur leur process de conception. Ceci est en train de changer, petit à petit, notamment avec les quelques toolkits qui ont été conçus par des designers conscients de cette faiblesse.

Multiplicité des spécialisations et des approches

Le champ du design, on l'a vu, est extrêmement large est en permanente évolution. Il va de l'objet au design de service en passant par le design numérique, le design d'information, l'innovation sociale, etc. Par ailleurs, en fonction de leur sensibilité, certains designers préféreront le bel ouvrage, alors que d'autres vont davantage s'intéresser au rapport avec les usagers. Certains autres s'intéresseront au processus alors que d'autres mettront l'accent sur le produit fini, etc.

Cette multiplicité d'approches ne renforce-t-elle pas la difficulté pour les entreprises de se faire une idée précise de ce qu'est le design, et donc de ses atouts ?

Observation des utilisateurs : réalité versus théorie

Les designers cherchent à intérioriser les besoins des utilisateurs mais ils ne savent pas forcément tous travailler avec des utilisateurs. Si certains designers possèdent cette capacité d'observation, ils ont parfois besoin de s'entourer de sociologues ou d'anthropologues, qui sont des spécialistes de l'observation du terrain.

Peu de designers s'intéressent au design de service

L'idée que le design puisse s'appliquer à des formes intangibles reste encore assez marginale. Ce n'est qu'une minorité qui s'intéresse au design de service. Les designers sont plutôt tentés d'aller travailler en agence de design traditionnelle, où ils trouveront un terrain propice à leur créativité.

Sortir du discours

Stéphane Gauthier, designer, considère que, tant que les designers n'auront pas développé des outils pour pénétrer le fonctionnement de l'entreprise, la volonté de réinventer l'organisation et les pratiques de management par le design risque de ne pas dépasser le stade du discours.

La conception récente de toolkit ne va-t-elle pas faire évoluer favorablement la prise de conscience des entreprises ?

Le fonctionnement du designer et ses contraintes : la question du temps

La question du temps est une question fondamentale. Les agences de design se battent pour résister contre la pression du temps que leur imposent les entreprises qui n'ont pas toujours suffisamment conscience de ce que représente le travail de réflexion et de conception. Elles s'attendent parfois à ce que les concepts soient formalisés le lendemain d'une séance de créativité. Mais l'entreprise est nécessairement dans une logique de rendement, de coup et donc de temps. N'est-ce pas la responsabilité du designer de comprendre la logique de l'entreprise et de lui exposer ensuite très explicitement la nécessité du temps, en prenant appui sur ce qui fait la force d'un designer ?

En effet, selon Stéphane Gauthier, les deux atouts essentiels des designers sont :

- La capacité à prendre du recul, et cette prise de recul se fait nécessairement avec du temps. Il est impossible pour un designer d'avoir trouvé la solution juste après une séance de créativité. La prise de recul survient un ou deux jours après, voire plus. Il n'est donc pas possible de faire une analyse pertinente, qui ait du sens, sans avoir une bonne prise de recul.

-

- Le second élément essentiel à la créativité, c'est la fertilisation croisée, c'est-à-dire le fait de travailler sur des sujets qui n'ont rien à voir les uns avec les autres. L'intérêt est d'extraire un petit élément d'un sujet différent pour rebondir sur le sujet principal et cette démarche demande également un minimum de temps.

L'ego du designer face à l'entreprise : je t'aime moi non plus ?

Comment les designers perçoivent-ils le monde des entreprises ? Les designers apprécient-ils l'entreprise ? Ne la considèrent-ils pas comme seulement un moyen nécessaire de répondre à leur finalité idéologique : améliorer ou réenchanter le monde ?

De son côté, Stéphane Gauthier considère que les designers oublient trop souvent qu'ils sont, au même titre que les autres professions, un maillon de la chaîne de conception, avec certes des caractéristiques très intéressantes qui leur sont propres, mais qu'ils ne seraient rien sans les autres fonctions de l'entreprise. Les designers seraient souvent à la recherche du Graal qui serait de dessiner ses propres objets et de les vendre. Ce qui est juste une utopie et le refus de comprendre que le produit ou le service naît de la richesse des échanges interdisciplinaires.

Le designer face à une injonction paradoxale

Stéphane Vial argumente que le design repose sur une ambiguïté depuis ses origines. « Le design est fondé sur une contradiction structurelle et historique. D'un côté, le design est une invention socialiste : il est né (en Angleterre) de la révolte contre les ravages de l'industrialisation sur l'homme. De l'autre, le design est une invention capitaliste : il est né (en Allemagne) de la production industrielle de masse et a grandi aux Etats-Unis sous la forme de l'*industrial design*.

Cette contradiction structurelle est unique au monde : aucune autre activité ne cristallise à ce point une telle ambivalence politique dans sa définition même. Être socialiste et capitaliste à la fois, voilà ce qui est demandé au designer. Une demande non seulement paradoxale mais contradictoire : il s'agit de faire du design industriel sans faire d'industrie. »[89] C'est ce qu'on appelle en psychologie une injonction paradoxale.

Selon Stéphane Vial, il faut donc « apprendre à situer l'effort du design par-delà le capital, qui est certes son moyen, mais ne saurait être sa fin. À chaque fois que le moyen et la fin du design ont été confondus, le design s'est dilué dans le marketing. »[90]

Il émerge donc deux courants du design : le design mercatique, lorsque l'activité du design prend le marché à la fois pour le moyen et pour la fin, qui est le design critiqué par Victor Papanek, qui va jusqu'à « dénoncer la perfidie et la futilité du design industriel et **invite les designers à réfléchir aux vrais besoins des hommes, tels les problèmes écologiques et sociaux**. »[91] Mais pour autant, le design ne peut pas ignorer le marché.

Pour sortir de cette injonction paradoxale, qui fait osciller les designers entre la folie et l'irresponsabilité générale, Stéphane Vial propose donc une loi morale formulée à la manière kantienne: « agis de telle sorte que tu traites le marché, aussi bien dans ta personnalité de designer que dans les projets de design que tu offres aux usagers, toujours simplement comme un moyen, et jamais en même temps comme une fin »[92].

3.8.2. Limites liées au monde de l'entreprise

La méconnaissance du design

Le design et ses atouts, même sur son champ traditionnel, sont méconnus. Malgré les nombreuses initiatives de promotion du design, que ce soit au niveau européen ou français, les entreprises sont encore loin d'avoir toutes le réflexe de faire appel au design, ne serait-ce que pour se différencier par rapport à leurs produits ou leurs services. Elles sont donc encore très loin d'être en mesure d'entrevoir les atouts du design en termes d'innovation au niveau de leur organisation et pratiques de management. Il convient d'anticiper un travail colossal de communication, de sensibilisation, de promotion, d'explications.

La méthodologie du design et ses atouts devront être présentés de manière simple, pertinente et convaincante, en s'appuyant sur des exemples concrets et proches de leurs préoccupations. Le toolkit déjà beaucoup évoqué sera un des vecteurs de cette sensibilisation.

La structure de l'entreprise

Stéphane Gauthier est plutôt pessimiste, il considère que la structure actuelle de l'entreprise n'est pas faite pour écouter et recevoir un discours de conception centré sur l'humain. Il sera vraisemblablement plus facile de faire émerger de nouvelles entreprises sur ce modèle-là que de transformer des anciennes.

Par ailleurs, le design a pour but d'aligner tout le monde vers le même objectif, ce qui implique de travailler en mode projet, alors que les entreprises travaillent encore trop souvent en mode métiers.

Le designer érigé en artiste fait peur

Il semblerait qu'il y ait un mouvement, notamment lors de la formation, qui érige le designer en artiste, en créateur. Cette voie-là est tout à fait respectable mais il s'agit davantage de plasticiens qui font des recherches personnelles que de designers. Stéphane Gauthier défend le statut du designer qui est un acteur impliqué dans une démarche collective. Il doit, selon lui, aider l'entreprise à développer des affaires et donc de la croissance. Il se doit donc de comprendre l'entreprise et de travailler avec tous les corps de métiers.

En écho, l'entreprise a parfois peur du designer, parce qu'on parle trop peu de design mais surtout de designers, qui renforcent toute la représentation collective liée au plasticien. Cela fait en effet des décennies que le design communique sur la personne. L'entreprise se dit, inquiète, qu'il faut qu'elle fasse appel à un designer. Il faudrait qu'elle puisse se dire qu'elle doit intégrer le processus design. **Si l'on parlait de design et non pas de designer, on parlerait davantage de processus de conception, et tant les designers que les entreprises auraient à y gagner.**

Si le designer se présente comme un chef d'orchestre, capable d'organiser tous les corps de métier dans la conception, l'entreprise risque de craindre que le processus repose sur une personne.

Un exemple est frappant pour illustrer la problématique de la signature par rapport au process. À la fin des années 90, Thomson a demandé à Philippe Stark de prendre la direction artistique de l'entreprise. Stark a accepté et a conçu des produits révolutionnaires. Cela fut un tel succès que Thomson a été obligé de mettre fin à cette collaboration. Quelle en était la raison ? Les clients demandaient à la FNAC des téléviseurs Stark. Un géant comme Thomson était en train de perdre son nom. Mais n'aurait-il pas été plus judicieux de voir l'apport du design, certes intégré dans la personne emblématique de Philippe Stark, en tant que processus transversal et de le faire travailler sur le nom et l'image de Thomson ?

Selon Stéphane Gauthier, la source de ce problème résiderait dans l'indéfinition du design, renforcée par le rapport très ambigu que les designers entretiennent avec l'entreprise : le designer se prendrait, à tort, pour un plasticien, travaillerait à contre cœur pour l'entreprise, et l'entreprise aurait, de son côté, des difficultés à appréhender ce qu'elle perçoit comme un plasticien, et non pas comme un professionnel de la conception de produit, et donc encore moins d'organisation et de pratiques de management.

Problème de coût/de budget

Une autre difficulté majeure est liée au coût. Sans en avoir la preuve, il faut pouvoir convaincre le dirigeant que la réinvention de son organisation et de ses pratiques de management est un moyen de rendre ses salariés plus efficaces et donc performants et qu'il s'agit donc d'un investissement rentable à long terme.

Co-conception et désillusion

Il faut raison garder et ne pas attendre des miracles de cette méthode d'innovation par le design. Dans les démarches de co-conception par le design, les participants peuvent être vite gagnés par un enthousiasme qui risque de leur faire attendre de cette méthodologie plus qu'elle ne peut donner. La méthodologie consiste à favoriser l'imagination collective. Les participants seront donc amenés à travailler sur des visions idéales, à se mettre en posture de « pensée positive » ce qui est extrêmement stimulant et enthousiasmant, et on peut s'attendre à ce qu'il leur soit difficile de revenir à la réalité.

Il est très important de gérer l'enthousiasme généré et d'anticiper les inévitables effets déceptifs. Il existe un décalage et une frustration inhérents à ces projets. Il est nécessaire de garder en mémoire d'où l'on part, et de considérer la co-conception comme une démarche modeste d'amélioration. Selon Stéphane Vincent, l'objectif serait peut-être finalement de réduire la frustration des personnes, ce qui est déjà beaucoup.

Le problème le plus fréquent est que la question de départ a été mal posée. Les méthodes habituelles proposent souvent d'aller directement aux solutions, sans avoir réfléchi à la question de départ. Le but du design est d'aller questionner la question de départ pour aller dans la bonne direction. C'est un objectif humble et en même temps essentiel.

Excès qualitatif

À trop critiquer le quantitatif, il ne faut pas tomber dans de l'excès qualitatif. Il ne faut pas croire que les approches qualitatives vont permettre, à elles seules, de tout améliorer. Il sera toujours nécessaire de raisonner aussi en volumes et le reporting restera indispensable. Il s'agit seulement de bouger le curseur qui est allé beaucoup trop loin vers le quantitatif. C'est simplement une question de rééquilibrage.

Les résistances internes

Il existe un risque réel que les propositions des designers soient rejetées par certains managers, fortement désengagés, qui associeraient ces propositions à une Direction décrédibilisée.

Par exemple, la Direction d'une entreprise n'avait pas communiqué à ses managers le projet d'aménagement d'un site, et ces derniers ont eu l'impression, en découvrant le projet, qu'on le leur imposait. Le designer à l'origine du projet a tout de suite compris que la base n'avait pas été associée. D'après lui, une période d'observation et de concertation n'aurait peut-être pas facilité la mise en œuvre tellement les salariés étaient dans une posture de très forte suspicion et sur leurs gardes.

Il est par ailleurs indispensable de collaborer très en amont avec les syndicats afin de les associer à la démarche et tenter d'obtenir leur soutien.

3.9. Conclusion

Comme on l'a vu, la méthodologie et l'idéologie du design ont donc beaucoup de choses à apporter l'entreprise.

Au-delà de son apport traditionnel en termes d'agencement plus agréable et fonctionnel que nous n'avons pas du tout abordé ici car hors sujet, le design peut véritablement aider l'entreprise qui le souhaite à réinventer une organisation et des pratiques de management toutes deux sur mesure et donc plus pertinentes, plus humaines et plus efficaces.

De par son idéologie axée sur l'humain, le design apporte les fondements d'une entreprise plus humaine, avec ce que cela implique en termes de confiance, de reconnaissance, d'autonomie, de créativité, et donc d'engagement et de motivation.

La méthodologie du design permet aussi de tenir compte de l'ensemble des recommandations formulées par les professionnels de l'innovation, qu'il s'agisse de la réflexivité indispensable à toute démarche d'analyse des dysfonctionnements, du décryptage et de la valorisation des inventions, souvent transgressives, mises en œuvre par les opérateurs (phase d'observation), de l'implication des salariés à la base de la pyramide, de l'institutionnalisation des innovations favorisée par le prototypage, etc.

Le designer semble alors parfaitement légitime pour travailler sur toute problématique liée à l'organisation de l'entreprise et à ses pratiques de management, telle que la gestion du temps, la gestion du stress, la reconstruction d'un contrat basé sur la confiance entre les dirigeants et les salariés, et s'efforcer de trouver des propositions d'améliorations spécifiques à chaque entreprise.

Pour conclure, voici résumé sous forme de tableau l'apport du design aux enjeux auxquels se trouvent actuellement confrontées les entreprises. Ce tableau a pour intérêt de faire clairement ressortir l'alignement entre les enjeux de l'entreprise, les ingrédients nécessaires à une innovation organisationnelle réussie et l'apport de la méthodologie du design de service.

Enjeux de l'entreprise	Ingrédients d'une innovation organisationnelle réussie	L'apport du design
Remettre l'humain au cœur des organisations (avantage compétitif de la société occidentale et pour répondre aux attentes des salariés en terme d'épanouissement au travail), en privilégiant les aspects suivants : - Un climat de confiance - Un contrat de réciprocité entre salariés et dirigeants - Des salariés autonomes et responsabilisés - L'implication des salariés - La mise en place de motivation intrinsèque autant qu'extrinsèque - Le sens du travail effectué - La gestion de la	- L'observation (EA) - Des idées nouvelles, de la créativité (EA & EJ) - Une activité collective qui fait sens (NA) - L'implication de la base de la pyramide (NA) - La réflexivité (NA) - Une certaine marge d'autonomie (ROWE) - La responsabilisation (EJ) - L'expérimentation (EA) - La dynamique de changement (EA, NA) - L'appropriation du sens de l'innovation (NA) - L'apprentissage continu (EA) - La motivation	Méthodologie de résolution de problème créative focalisée sur l'humain (conception par les hommes et pour les hommes) mais très structurée : - L'observation - La prise de recul, le requestionnement de la problématique - La conception participative - Le processus itératif Les atouts du prototypage : - Le test - L'échec rapide pour une réussite encore plus rapide - L'apprentissage - La communication

complexification des rapports au temps - L'importance des relations sociales	intrinsèque (F-Forms)	des idées, des défis et des solutions - L'appropriation - La création de sens

EA : Entreprise apprenante

EJ : Entreprise japonaise

NA : Norbert Alter

CONCLUSION

Au fur et à mesure que j'approfondissais ma réflexion, j'étais très partagée.

D'un côté, je ressentais une forte satisfaction, finalement très orgueilleuse : mon intuition de départ que le design, par sa méthodologie et son idéologie, pourrait aider les entreprises à se réinventer se trouvait constamment confirmée, voire même renforcée, tant par les professionnels que j'ai pu rencontrer, que par mes lectures et le croisement de mes analyses.

D'un autre côté, je me sentais désemparée devant l'ampleur des difficultés auxquelles les entreprises se trouvent actuellement confrontées. Cependant, un point central a fini par clairement émerger : la nécessité de réintégrer le rôle de l'humain, véritable facteur clé de succès des entreprises occidentales. Et l'on ne peut que se réjouir de constater que de nombreuses initiatives aillent déjà dans ce sens.

Ce qui nous amène finalement à une vision optimiste, et ceci pour deux raisons. La première est que les entreprises françaises n'auront pas d'autre choix que de s'en sortir par le haut, à savoir en réinventant des organisations et des pratiques de management qui sauront redonner toute sa valeur à l'humain, pour un rapport gagnant/gagnant. La seconde est que la méthodologie de conception du design, qui s'étend aujourd'hui d'ores et déjà au design de service, va finalement et tout naturellement être amenée à s'intéresser au fonctionnement de l'entreprise. En effet, les services sont encore dans la plupart des cas délivrés par des salariés, et donc, parce que les designers sont de plus en plus amenés à s'intéresser à la qualité du service rendu, ils doivent également s'intéresser à l'organisation des points de contacts et au management des personnes délivrant les services.

Reste maintenant à convaincre le monde de l'entreprise de l'opportunité de tenter une expérience atypique… Un long travail de préparation, de sensibilisation et d'argumentation s'annonce. La première phase pourrait consister à prototyper, de manière collaborative avec des managers d'entreprises, des designers, des sociologues et psychologues de travail, un toolkit spécifique au « design d'organisation », comme de nombreuses agences de design ont déjà pu le faire pour le design de service. L'objectif serait multiple. Ce toolkit servirait bien sûr de méthodologie de travail, mais en amont, sa valeur ajoutée serait également de sensibiliser les entreprises à la méthodologie du design et de les rassurer par rapport à leurs appréhensions et leurs doutes. Il s'agirait de démontrer aux décideurs et aux managers que la méthodologie du design n'est pas abstraite voire artistique, mais qu'il s'agit au contraire d'une véritable méthodologie de conception, certes très créative, mais également très structurée et opérationnelle, et donc très pertinente.

La stratégie globale que je souhaiterais adopter est également celle des designers, à savoir avancer à petit pas, de manière itérative, pour apprendre en faisant, et pour obtenir des résultats pas forcément à grande échelle mais opérationnels. Il s'agirait ensuite de communiquer intensivement sur les expérimentations réussies afin d'inciter d'autres entreprises à se lancer dans l'aventure.

Pour finir, et pour encourager les designers à aller sur un champ d'intervention qui ne les attire peut-être pas de prime abord, je dirais que le chantier de réinvention de l'organisation et des pratiques de management par le design pourrait réaffirmer les lettres de noblesse du design. On l'a bien compris, l'enjeu actuel de notre société est de réconcilier les objectifs sociaux et économiques ; ne s'agirait-il pas d'une belle opportunité pour les designers que de s'intéresser à un projet à la hauteur de leur idéologie historique prônée par William Morris : l'amélioration du monde du travail ?

BIBLIOGRAPHIE

LIVRES

ALTER (Norbert) Alter - *L'innovation ordinaire*, Paris, PUF, 2010.

BORJA DI MOZOTA (Brigitte) - *Design Management,* Paris, Les éditions d'organisation, 2001.

BROWN (Tim) Brown - *La pensée Design*, Paris, Pearson, 2008.

CLOT (Yves) – Le travail à cœur, pour en finir avec les risques psychosociaux, Paris, La Découverte, 2010.

CSIKSZENTMIHALYI (Mihaly) - *La créativité, psychologie de la découverte et de l'invention*, Poche, Paris, 2002.

DEJOURS (Christophe) – *Travail, usure mentale,* Paris, Bayard Editions, 2000.

FLAMAND (Brigitte) – *Le design, essais sur des théories et des pratiques,* Paris, Editions de l'Institut Français de la Mode, 2006.

FLUSSER (Vilém) - *Petite philosophie du design, Paris,* Edition Circé, 2009.

FOSTER (Hal) - *Design et Crime*, Paris, Les prairies ordinaires, 2008.

FRADIN (Jacques) Fradin - *L'intelligence du stress, Mieux vivre avec les neurosciences,* Paris, Edition Eyrolles, 2008.

HAMEL (Gary) - *La fin du management*, Paris, Vuibert, 2008.

HERBERT (Simon) -*The sciences of the artificial*, Cambridge, MIT Press, 1969.

MC GREGOR (Douglas) - *The human Side of Enterprise*, New York, McGraw-Hill, 1985.

LALLEMENT (Michel) – *Le travail, une sociologie contemporaine*, Paris, Folio Essais, 2007.

LALLEMENT (Michel) – *Le travail sous tensions*, Paris, Editions Sciences Humaines, 2010.

MARTIN (Roger) - *The design of business, why design thinking is the next competitive advantage,* Harvard Business Press, 2009

MIDAL (Alexandra) - *Design : introduction à l'histoire d'une discipline*, Paris, Pocket Agora, 2009.

PAPANEK (Victor) - *Design pour un monde réel*, Paris, Mercure de France, 1974.

PINK (Daniel H.) - *La vérité sur ce qui nous motive*, Paris, Leduc, 2011.

ROSA Harmut (Rosa) - *Accélération, une critique sociale du temps*, Paris, La Découverte, 2010.

STIEGLER (Bernard Stiegler) - *Du design comme sculpture social* , Paris, Flamand Brigitte, 2006.

VASSAL Olivier - *Crise du sens, défis du management*, Paris, Village mondial, 2005.

VERRIER (Gilles) – *Réinventer les RH : 7 axes de progrès pour répondre au malaise des salariés*, Paris, Dunod, 2011.

VIAL (Stéphane) – *Court traité du design*, Paris, PUF, 2010.

WOLTON (Dominique) – *Hermès : Communiquer, innover,* Paris, CNRS Editions, 2008.

Collectif, *L'empreinte social*, Odile Jacob, Paris, 2011.

Design des politiques publiques, la 27ème région, labo de transformation publique, Paris, La documentation française, 2010.

ARTICLES :

BUNEL (Mathieu) - « Formes d'organisation du travail et relations de travail », Centre d'études de l'emploi, document de travail n°53, décembre 2008.

HANZES & DE KEYSER– « Du diagnostic des risques psychosociaux à la gestion organisationnelle du stress », dans M. Neboit, M. Vezina,

Santé au travail et santé psychique, Octarès, Collection « Travail et Activité Humaine », 2002.

JONHSON (Bradford C.) - « The Next Revolution in Interaction », *McKinsey Quarterly*, 4, 2005.

LACROIX (Alexandre) - « Le travail nuit t-il à la santé ? », Philosophie magazine, Mai 2010, n° 39, p.51

LE GALL (Jean-Marc) – « Les « institutions invisibles» de l'entreprise », Le Monde, 21 décembre 2009.

LE GALL (Jean-Marc) - « La nouvelle fracture sociale. Une double crise, du management et du travail », Le Monde, 24 novembre 2009.

LE GALL (Jean-Marc) - « Suicide au travail : la cote d'alerte », Le Monde, 15 mai 2007.

LE GALL (Jean-Marc) - « Pénibilité : le retour du réel », Le Monde, 26 juin 2007.

LE GALL (Jean-Marc) - « Suicide au travail : trois étapes pour agir enfin », Le Monde, 26 janvier 2010.

LE GALL (Jean-Marc) - « L'entreprise responsable est-elle crédible ? », Le Monde, le 11 décembre 2011.

LE GALL (Jean-Marc) - « Une occasion historique de réformer l'entreprise », Le Monde, le 8 juin 2010

LE GALL (Jean-Marc) - « Le reporting ne doit pas être un outil de surveillance », Le Monde, 11 mai 2010.LE GALL (Jean-Marc) - « Réconcilier performance et bien-être au travail », Le Monde, 24 novembre 2009.

LE GALL (Jean-Marc) - Entreprise & Carrières, n°963/964 – du 15 juillet au 24 août 2009.

LE GALL (Jean-Marc) - « La nouvelle fracture sociale », Etude, n° 4124, avril 2010.

VALENDUC (Gérard) & VENDRAMIN (Patricia) – « *Pourquoi s'intéresser à l'innovation organisationnelle ?* » , Association pour une fondation travail-univesrité, Bruxelles, Notes éducation permanente, n° 19, novembre 2006.

Design thinking and how it will change management education: An interview and discussion, *Academy of Management Learning and Education.* Vol.5,No.4,pp.512-523

NOTES

[1] OCDE, Science, technologie et industrie : tableau de bord de l'OCDE, 2007, dans le rapport remis au Ministère de l'Economie, de l'Industrie et de l'emploi le 9 septembre 2008 par P. Morand et D. Manceau.

[2] Pascal Morand et Delphine Manceau, Avril 2009, *Pour une nouvelle dimension de l'innovation*, rapport remis au Ministère de l'Economie, de l'Industrie et de l'emploi le 9 septembre 2008, p.8.

[3] Pascal Morand et Delphine Manceau, Ibid, p.19.

[4] Stéphane Vial, *Court traité du design*, Paris, PUF, 2010, p. 19.

[5] Brigitte Borja di Mozota, Design Management, Paris, Les éditions d'organisation, 2001.

[6] Simon Herbert, *op.cit.*, p.55.

[7] Stéphane Vial, ibid, p.13.

[8] Stéphane Vial, ibid, p11.

[9] Stéphane Vial, ibid, p12.

[10] Jean-Louis Fréchin, Interface : un rôle pour le design », in Bernard Stiegler (dir.), *Le design de nos existences*, Paris, Mille et une nuits, 2008, p.255.

[11] Stéphane Vial, ibid, p.21.

[12] Gary Hamel, *op.cit.*, p.7.

[13] Stéphane Vial, ibid, p. 31.

[14] Alexandra Midal, *Design. Introduction à l'histoire d'une discipline*, Paris, Editions Pocket, 2009, p. 143.

[15] Hal Foster, *Design et Crime*, p.39.

[16] Victor Papanek. *Design pour un monde réel*, Mercure de France, 1974, préface.

[17] Vilém Flusser, *Petite philosophie du design, Paris, Edition Circé,* 2009, p.8.

[18] Gary Hamel. Op.cit. p. 3.

[19] Daniel H. Pink, *La vérité sur ce qui nous motive*, Paris, Leduc, 2011, p. 108.

[20] Collectif, *L'empreinte social*, Odile Jacob, Paris, mai 2011, postface.

[21] Bradford C. Jonhson, James M. Manyika, Lareina A. Yee, « The Next Revolution in Interaction », *McKinsey Quarterly*, 4 (2005) :25-26.

[22] Jean-Marc Le Gall, article "Le reporting ne doit pas être un outil de surveillance », Le Monde, 11 mai 2010.

[23] Jean-Marc Le Gall, ibid.

[24] Daniel H. Pink, ibid, p.43.

[25] Douglas Mc Gregor, *The human Side of Enterprise*, New York, McGraw-Hill, 1985, p33-34

[26] Daniel H. Pink, Ibid, p.101.

[27] Jean-Marc Le Gall, Article « La nouvelle fracture sociale. Une double crise, du management et du travail », Le Monde, 24 novembre 2009.

[28] Jean-Marc Le Gall, Article « Suicide au travail : la cote d'alerte », Le Monde, 15 mai 2007.

[29] Gilles Verrier, *Réinventer les RH : 7 axes de progrès pour répondre au malaise des salariés*,Paris, Dunod, 2011, p86.

[30] Olivier Vassal, *Crise du sens, défis du management*, Village mondial, octobre 2005.

[31] Jean-Marc Le Gall, article "Les « institutions invisibles» de l'entreprise », Le Monde, 21 décembre 2009.

[32] Jean-Marc Le Gall, ibid.

[33] Jean-Marc Le Gall, Entreprise & Carrières, n°963/964 – du 15 juillet au 24 août 2009.

[34] Harmut Rosa, *Accélération, une critique sociale du temps*, Paris, La Découverte, 2010, p.167.

[35] Harmut Rosa, Ibid, p. 169.

[36] Harmut Rosa, Ibid, p. 173.

[37] Alexandre Lacroix, article « Le travail nuit t-il à la santé ? », *Philosophie magazine*, Mai 2010, n° 39, p.51.

[38] Alexandre Lacroix, Ibid, p.39.

[39] Alexandre Lacroix, Ibid, p. 39.

[40] Alexandre Lacroix, Ibid, p. 39

[41] Jean-Marc Le Gall, Article « Pénibilité : le retour du réel », Le Monde, 26 juin 2007.

[42] Jean-Marc Le Gall, Ibic.

[43] Jean-Marc Le Gall, Article « Suicide au travail : trois étapes pour agir enfin », Le Monde, 26 janvier 2010.

[44] Clément Dossin, *Le stress au travail, prise de conscience tardive en France*, La tribune, 13 octobre 2009

[45] Jean-Marc Le Gall, Article « l'entreprise responsable est-elle crédible ? », Le Monde, le 11 décembre 2011.

[46] Jean-Marc Le Gall, Article « La nouvelle fracture sociale », Etude, n° 4124, avril 2010.

[47] Jean-Marc Le Gall, Article « une occasion historique de réformer l'entreprise », Le Monde, le 8 juin 2010

[48] I. Hansez, V. De Keyser (2002). "Du diagnostic des risques psychosociaux à la gestion organisationnelle du stress", dans M. Neboit, M. Vezina, *Santé au travail et santé psychique*, Octarès, Collection « Travail et Activité Humaine », p. 194.

[49] Jean-Marc Le Gall, Article « Réconcilier performance et bien-être au travail », Le Monde, 24 novembre 2009.

[50] Jean-Marc La Gall, Article « La nouvelle fracture sociale », Etude, n°4124, avril 2010.

[51] Jean-Marc Le Gall, Article « Réconcilier performance et bien-être au travail », Le Monde, 24 novembre 2009.

[52] Mathieu Bunel et al., *Formes d'organisation du travail et relations de travail*, Centre d'études de l'emploi, document de travail n°53, décembre 2008.

[53] L'OCDE propose dans le manuel d'Oslo, « principale source internationale de principes directeurs en matière de collecte et d'utilisation d'information sur les activité d'innovation », des définitions de l'innovation non technologique, à savoir l'innovation organisationnelle et de marketing et les liens qui existent entre les différents types d'innovation.

[54] Gérard Valenduc et Patricia Vendramin, *Pourquoi s'intéresser à l'innovation organisationnelle* , Association pour une fondation travail-univesrité, Bruxelles, Notes éducation permanente, n° 19, novembre 2006.

[55] http://www.ftu.be/documents/ep/EP-19-06.pdf

[56] Norbert Alter, *L'innovation ordinaire*, Paris, PUF, 2010, p. 11.

[57] Norber Alter, Ibid, p.42.

[58] Norbert Alter, Ibid, p. 41.

[59] Norbert Alter, Ibid, p.84.

[60] Norbert Alter, Ibid, p55.

[61] Norbert Alter, Ibid, p56.

[62] Norbert Alter, Ibid, p.57.

[63] Norbert Alter, Ibid, p.60.

[64] Norbert Alter, Ibid, p.9.

[65] Norbert Alter, Ibid, p2.

[66] Norbert Alter, Ibid, p. 36.

[67] Norbert Alter, Ibid, p. 23.

[68] Norbert Alter, Ibid, p.88.

[69] Norbert Alter, Ibid, p.79.

[70] Norbert Alter, Ibid, p.178.

[71] Norbert Alter, Ibid, p.179.

[72] Norbert Alter, Ibid, p.182.

[73] Norbert Alter, Ibid, p.184.

[74] Norbert Alter, Ibid, p.187.

[75] Norbert Alter, Ibid, p. 36.

[76] Stéphane Vial, Ibid, p.71.

[77] Tim Brown, la pensée Design, Pearson, Paris, 2008, p.110.

[78] Stéphane Vial, op. cit., p.72.

[79] Stéphane Vial, Ibid, p.61.

[80] Bernard Stiegler, *Du design comme sculpture social*, 2006, Flamand Brigitte, p.243.

[81] Stéphane Vial, op.cit., p.65.

[82] Tim Brown. *L'esprit design*. Paris. Pearson. 2010. p.7.

[83] Tim Brown. Ibid. p.7.

[84] Tim Brown. Ibid. Dernière de couverture.

[85] Tim Brown. Ibid. Dernière de couverture.

[86] Design thinking and how it will change management education: An interview and discussion, *Academy of Management Learning and Education.* Vol.5,No.4,pp.512-523.

[87] Tim Brown, op.cit., p.110.

[88] Design des politiques publiques, la 27ème région, labo de transformation publique, La documentation française, 2010, préface.

[89] Stéphane Vial, Ibid, p.45.
[90] Stéphane Vial, Ibid, p.46.
[91] Stéphane Vial, Ibid, p.48.
[92] Stéphane Vial, Ibid, p.50.

www.ingramcontent.com/pod-product-compliance
Lightning Source LLC
Chambersburg PA
CBHW070320190526
45169CB00005B/1675